Hidden Secrets

SCHOTTLAND

LAUREN MACCALLUM

BRUCKMANN

EINLEITUNG

Hidden Secrets Schottland ist kein gewöhnlicher Reiseführer. Dieses Buch will Sie vielmehr dazu ermutigen, Ihre eigenen Abenteuer zu erleben, das Land abseits der üblichen Touristenpfade zu erkunden und dabei die Mentalität und das Leben der Schotten kennenzulernen. Wir hoffen, Ihnen damit dieses einzigartige Land, seine Bewohner, Sprache, Kultur und seine tief damit verbundene, geradezu magische Musik ein bisschen näherzubringen. Dabei werden auch einige sehr bekannte und beliebte Reiseziele aufgelistet, die die Autorin aber aus der Sicht einer Einheimischen beschreibt.

Schottland ist viel mehr als Highlandromantik, Schottenmuster und Haggis: Es ist rauer, widersprüchlicher, faszinierender und voller großartiger Geschichten. Mit diesem Buch in der Tasche werden Sie einen kleinen Einblick in dieses andere Schottland jenseits der Klischees bekommen – und so mehr von Ihrer Reise haben. Wir hoffen, dass die Ausflugsziele und Tipps in diesem kleinen Leitfaden die Vielseitigkeit des Landes widerspiegeln und Ihnen als Ausgangspunkt für Ihr eigenes, ganz persönliches Schottland-Erlebnis dienen.

Dieses Buch kann unmöglich alles auflisten, was es in Schottland zu tun und anzuschauen gibt. Es ist eher als eine Sammlung von Vorschlägen gedacht, wie Sie Ihnen ein netter Einheimischer, den Sie irgendwo zufällig treffen, auf die Rückseite einer Serviette schreiben würde. Bleiben Sie neugierig und lassen Sie sich begeistern. Schottland erwartet Sie!

ÜBER DAS BUCH

Dieses Buch listet spannende und ausgefallene Ausflugsziele auf, wie sie die Autorin einem Freund empfehlen würde. Es unterscheidet sich von anderen Reiseführern dadurch, dass die Einträge nach Kategorien wie »Essen« oder »Entdeckungen« anstatt nach Orten sortiert sind. Die Karten am Anfang des Buches, die jeweils eine andere Region zeigen, ermöglichen es Ihnen, sich eine Reiseroute zusammenzustellen. Oder Sie konzentrieren sich darauf, nur eine bestimmte Gegend zu erkunden – jede ist für sich allein ein lohnendes Reiseziel. Beachten Sie dabei, dass die verschiedenen Regionen auf den Karten in diesem Buch nicht mit den offiziellen schottischen Verwaltungsbezirken übereinstimmen.

Sie werden feststellen, dass sich das Land ideal für einen Roadtrip eignet. Wenn Sie mit dem Auto unterwegs sind, befolgen Sie unbedingt die Verkehrsregeln und passen Sie Ihre Fahrweise den örtlichen Gegebenheiten an. Wir empfehlen Ihnen außerdem, regelmäßig anzuhalten und sich Zeit für schöne Spaziergänge, abenteuerliche Wanderungen oder Radtouren in der atemberaubend schönen Natur zu nehmen. Wanderer und Radfahrer brauchen vielleicht gar kein Auto, da die Startpunkte der Touren meist gut mit Bus oder Bahn erreichbar sind. Sie werden außerdem schnell merken, dass es für jedes Leistungsniveau und jede Vorliebe eine passende Wanderroute gibt, wobei die Walking-Highlands-Website eine sehr hilfreiche Informationsquelle ist. Nehmen Sie am besten immer eine Wanderkarte mit, denn nicht alle Wege sind gleich gut beschildert.

Das Mountainbike ist eine weitere gute Möglichkeit, sich in Schottland fortzubewegen, und im Winter kann man hier toll Snowboarden. Und Sie sollten während Ihres Aufenthaltes mindestens einmal mit einer Fähre fahren, denn das ist ein ganz besonderes Erlebnis.

DIE AUTORIN

Lauren MacCallum hat schon an den verschiedensten Orten in Schottland gelebt. In den letzten zwanzig Jahren zog sie von Kinross nach Aberdeen, Edinburgh, Glasgow und Fort William, um sich dann in Aviemore mitten im Cairngorms National Park niederzulassen. Sie hat viele Sommer lang die Gegend rund um Kintyre erkundet, wo sie auch Verwandtschaft hat. Sie ist ein Outdoor-Mensch und verbringt ihre Zeit mit Vorliebe in den Bergen oder am Meer.

Lauren hat in der Wintersport- und in der Fahrradbranche gearbeitet und leitet die Wohltätigkeitsorganisation Protect Our Winters UK. Sie hält Vorträge und ist Moderatorin der Fernsehserie *The Adventure Show* bei der BBC Scotland.

In ihrer Freizeit erkundet Lauren leidenschaftlich gerne unbekannte Orte, fährt mit dem Mountainbike oder dem Snowboard und besucht Musikfestivals. Sie trinkt für ihr Leben gern einen guten Kaffee oder ein Pint – und dafür (und für vieles mehr) ist Schottland genau der richtige Ort.

Lauren dankt allen, die ihr beim Schreiben dieses Buches geholfen und ihre Lieblingsorte beigesteuert haben. Vorschläge kamen von Pubbekanntschaften, Feunden, Freunden von Freunden, Sportkameraden und ihrer Familie. Ihr Dank gebührt auch Matt Barr, Sam Mellish und Bob Pia für ihre unschätzbare Hilfe. Und Hammy Morison, der ihr einmal sein Auto geliehen und damit aus der Patsche geholfen hat. Ein ganz besonders großes Dankeschön geht an Laurens Familie: Ohne ihren Beistand gäbe es dieses Buch nicht. Und last, but not least, an Dettie von Luster, die vielleicht geduldigste Frau der gesamten Verlagswelt.

SCHOTTLAND

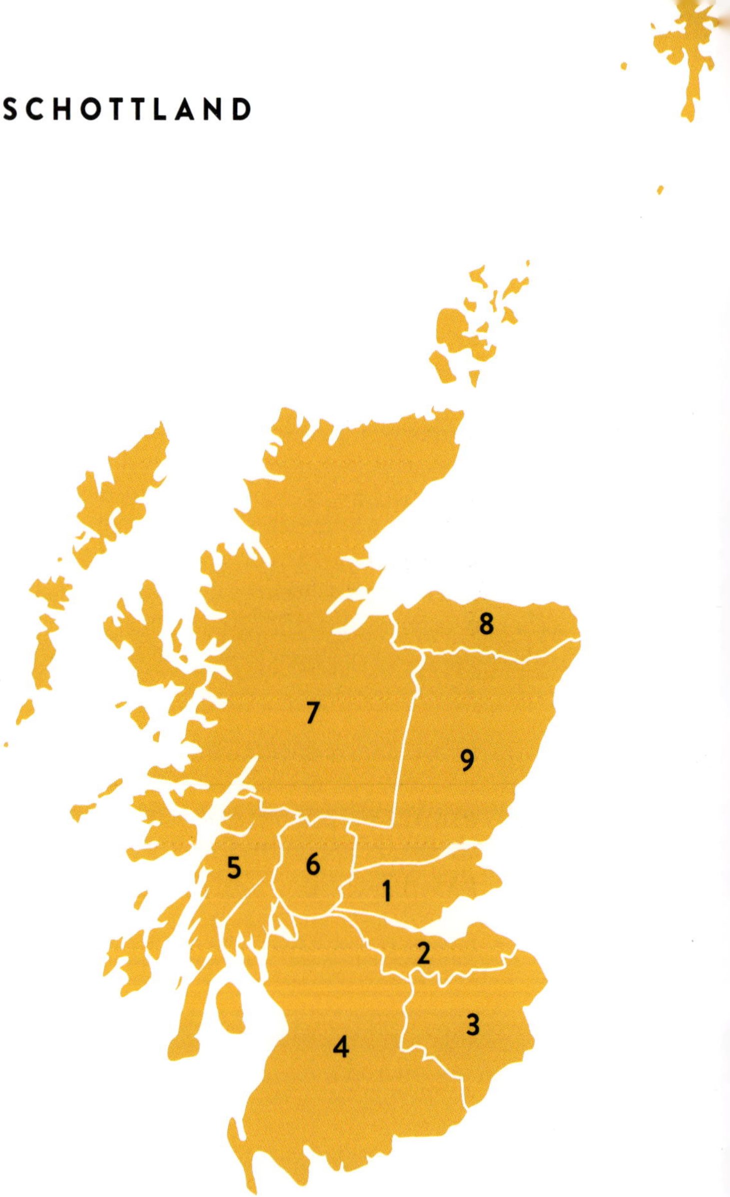

1 ZENTRALSCHOTTLAND

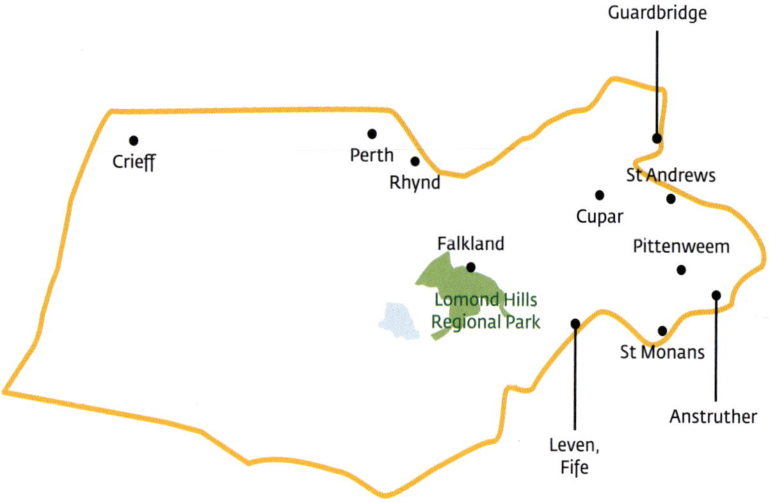

2 EDINBURGH & DIE LOTHIANS

#	DUDDINGSTON VILLAGE
17	Dr Neil's Garden
	DUNBAR
29	Belhaven Bridge
73	Victoria Harbour
	EDINBURGH
1	Summerhall
9	Scottish National Gallery of Modern Art
10	Scottish National Portrait Gallery
15	National Museum of Scotland
18	Royal Botanic Garden Edinburgh
20	Calton Hill
24	Cramond Island
25	Water of Leith
31	Advocate's Close
41	Magdalen Chapel
43	National Archives of Scotland – General Register House
47	Royal Observatory Edinburgh
64	The Meadows
92	Gilmerton Cove
144	Armchair Books
148	Golden Hare Books
150	The Edinburgh Bookshop
158	W. Armstrong & Son
166	Hannah Zakari
170	Dick's
176	I.J.Mellis
190	Over Langshaw Ice Cream
215	Gardener's Cottage
224	The Walnut
236	Little Fitzroy Coffee
237	Williams & Johnson Coffee Co.
238	Cairngorm Coffee
245	Cheap Shot Coffee
246	The Counter
252	Kay's Bar
253	Port O' Leith Bar
254	The Regent
255	Captain's Bar
256	The Royal Oak

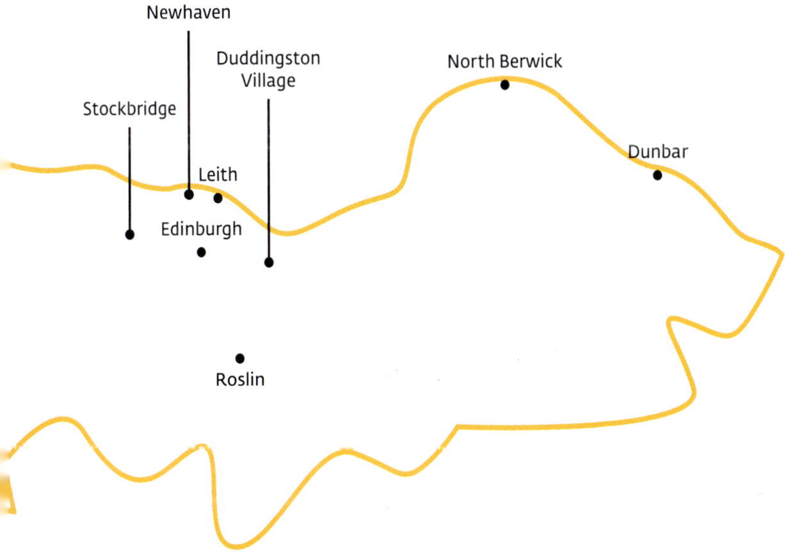

262 The Royal Dick
264 Nauticus
265 Hoot The Redeemer
266 Teuchters Landing
275 The Four Sisters Boatel
278 The Baxter

FALKIRK

46 The Dunmore Pineapple

LEITH

187 The Pitt
189 Bross Bagels
203 Harmonium
208 The Roseleaf
251 Malt & Hops

NEWHAVEN

183 The Fishmarket

NORTH BERWICK

180 Lobster Shack
238 Steampunk Coffee

ROSLIN

42 Rosslyn Chapel

STOCKBRIDGE

209 The Scran & Scallie

3 SCOTTISH BORDERS

4 GLASGOW & DER SÜDEN

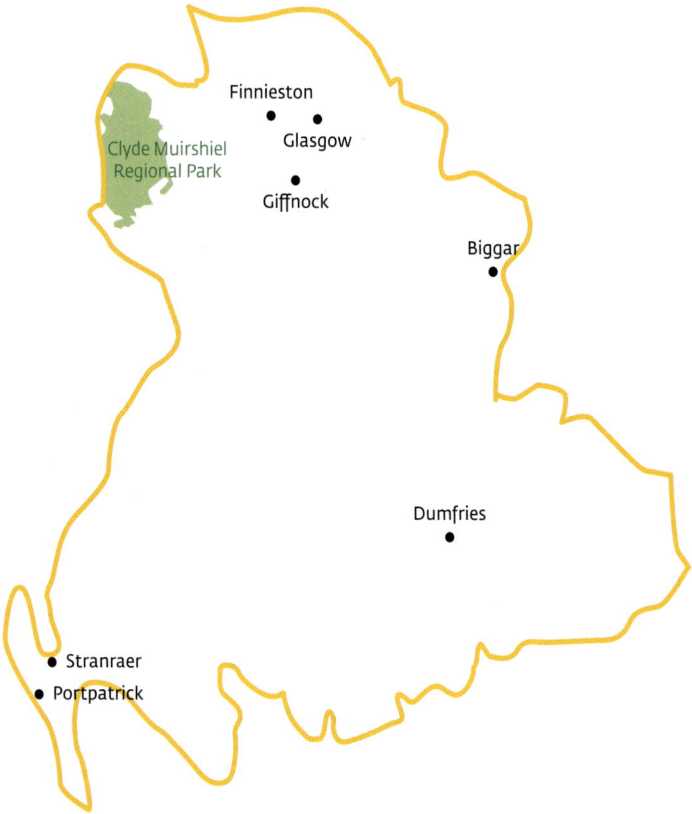

5 ARGYLL & BUTE

#					
	BARNACARRY		**ISLE OF ARRAN**	268	The Mishnish Bar, Tobermory
57	Old Castle Lachlan	106	Eas Mor und Loch Garbad, Kildonan		**ISLE OF SEIL**
	BENMORE	111	Coire Fhionn Lochan, North Ayrshire	276	The Alexandra, Cuan Ferry
110	Puck's Glen	113	Urie Loch		**ISLE OF ULVA**
	CAIRNDOW	182	Mara Fish Bar & Deli, Corrie	201	The Boathouse
79	Fyne Ales Farm Brewery	193	The Parlour, Brodick		**KILBERRY**
	CAMPBELTOWN	259	The Wineport, Brodick	217	The Kilberry Inn
19	The Lady Linda McCartney Memorial Garden	267	Drift Inn, Lamlash		**MACHRIHANISH**
22	Crucifixion Cave/ Davaar Island		**ISLE OF BUTE**	75	Machrihanish Golf Club
26	Keil's Cave und St Columba's Steps, Southend	32	Mount Stuart House		**STRACHUR**
71	Carradale Village, Carradale		**ISLE OF GIGHA**	223	Inver, Strathlachlan
84	Beinn an Tuirc Distillery/Kintyre Gin, Carradale	68	Isle of Gigha		**TARBERT**
05	Springbank Distillery		**ISLE OF IONA**	181	Skipness Seafood Cabin, Skipness
115	Westport Beach, Westport	23	Fingal's Cave/ Staffa, Achavaich	199	Café Ca'Dora
234	Muneroy Tearoom, Southend		**ISLE OF ISLAY**	202	Starfish Restaurant
248	Ardshiel Hotel	247	Ballygrant Inn, Ballygrant		**TIGHNABRUAICH**
	COLINTRAIVE		**ISLE OF MULL**	118	Ostel Bay
6	Caol Ruadh Sculpture Park	178	Isle of Mull Cheese, Tobermory	196	The Oystercatcher, Otter Ferry
		200	Cafe Fish, Tobermory		

6 LOCH LOMOND & DIE TROSSACHS

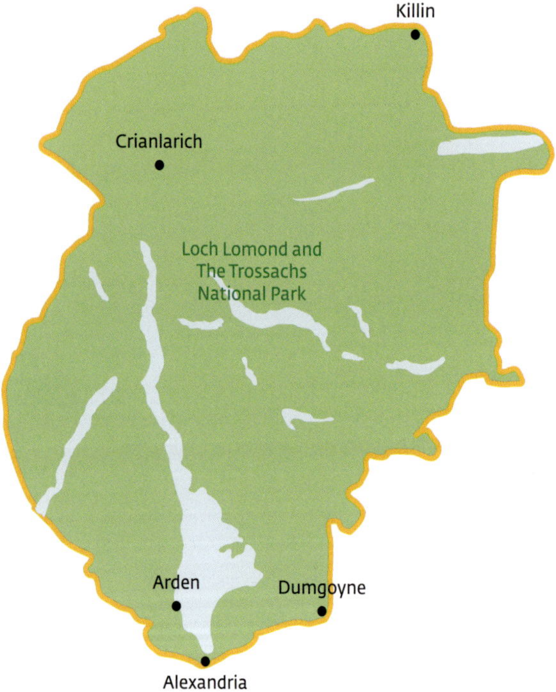

7 HIGHLANDS & INSELN

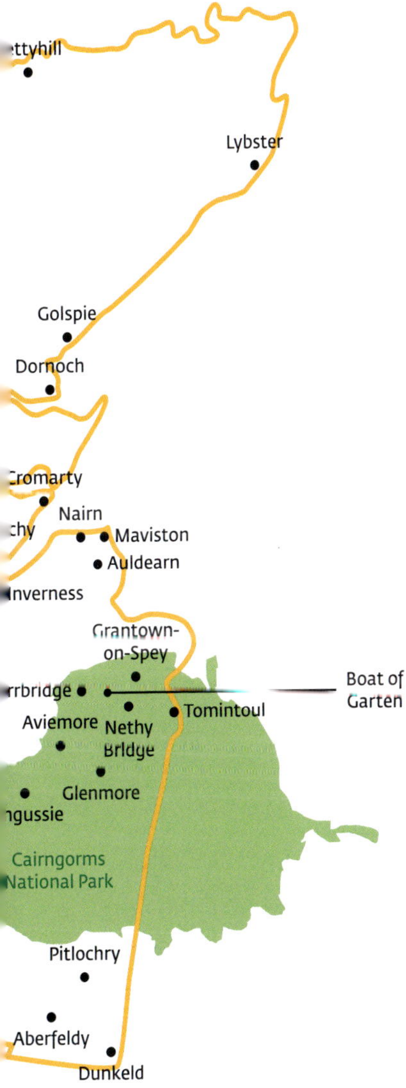

#	ABERFELDY
153	The Watermill
242	Habitat Cafe

	ACHILTIBUIE
271	Port A Bhaigh Campsite, Althandhu
289	The Brochs of Coigach

	ACHNASHEEN
125	Kinlochewe
281	Kinlochewe Hotel, Kinlochewe

	APPLECROSS
132	Bealach na Ba Pass, Strathcarron
175	Applecross Photographic Gallery, Camusterrach
198	The Applecross Inn

	ARDNAMURCHAN POINT
134	Ardnamurchan-Halbinsel

8 DER NORDEN

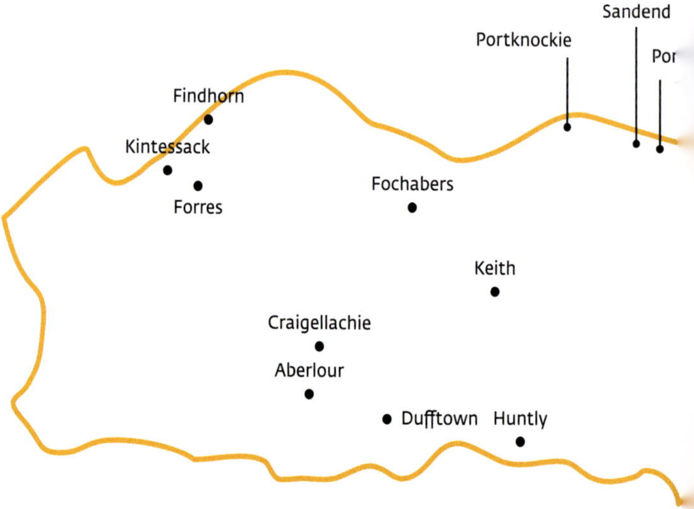

#		
	ABERLOUR	
88	Aberlour Distillery	
	BANFF	
34	Duff House	
69	Crovie Village, Crovie	
99	Sandend Beach	
	CRAIGELLACHIE	
250	Quaich Bar	
	DUFFTOWN	
87	Balvenie Distillery	
	FINDHORN	
4	Findhorn Foundation	
274	The Barrel B&B	
	FOCHABERS	
95	Moray Monster Trails	
227	Gordon Castle Cafe	
	FORRES	
169	Logie Steading, Dunphail	

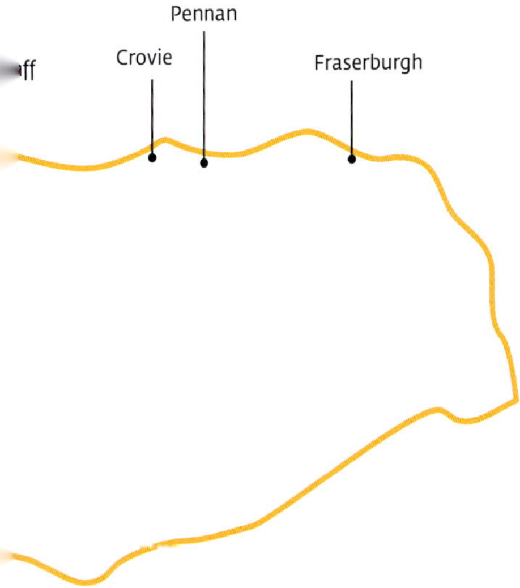

FRASERBURGH

70 Pennan Village, Pennan

289 Down on the Farm

HUNTLY

149 Orb's Bookshop

KEITH

89 Strathisla Distillery

KINTESSACK

102 Culbin Forest

PORTKNOCKIE

122 Bow Fiddle Rock

PORTSOY

35 The Salmon Bothy

235 Portsoy Coffee Shop & Bistro

9 DER NORDOSTEN

KUNST *und* KULTUR (A)

Außergewöhnliche KULTURORTE

1 **SUMMERHALL**
1 Summerhall
Edinburgh
EH9 1PL
+44 (0)131 560 1580
summerhall.co.uk

»Open Minds Open Doors« lautet das sehr passende Motto dieses in einer ehemaligen Tierarztschule direkt an The Meadows untergebrachten Zentrums für Kunst und Kultur. Hier ist für jeden etwas dabei: Workshops, Kunstausstellungen, Theater, Musik- und Tanzveranstaltungen und vieles mehr. Besonders während des Edinburgh Festival Fringe im August lohnt sich der Besuch, denn Summerhall zählt nicht nur in Schottland, sondern auch weltweit zu den tollsten Orten für Kunst- und Kulturevents. Zum Zentrum gehören ein Café, ein Geschenkeladen sowie eine Bar und die Gin-Destillerie The Royal Dick.

2 **DCA – DUNDEE CONTEMPORARY ARTS**
152 Nethergate
Dundee
DD1 4DY
Nordosten
+44 (0)1382 432 444
dca.org.uk

Preisgekröntes Zentrum für zeitgenössische Kunst mit vielfältigem Angebot: ein Kino mit zwei Sälen, eine Galerie, eine Druckwerkstatt, in der man selbst kreativ werden kann, Workshops und ein umfangreiches Weiterbildungsangebot – die Print Studio Taster Sessions sind ein Riesenspaß. In der angeschlossenen Jute Café Bar können Sie nicht nur vor oder nach dem Kino etwas trinken, sondern auch gut essen, und im Laden finden Sie ausgefallene Mitbringsel.

1 SUMMERHALL

3 **BARROWLAND BALLROOM**

244 Gallowgate
Glasgow
G4 0TT
+44 (0)141 552 4601
barrowland-ballroom.co.uk

Das 1934 eröffnete »The Barras« ist eine Glasgower Institution, deren berühmter Neonschriftzug die Nachtschwärmer anlockt. Der damals für Musikdarbietungen ohne Verstärker gebaute Hauptveranstaltungssaal ist für seine tolle Akustik ebenso berühmt wie für die Schwingbodentanzfläche – hier haben Sie garantiert jede Menge Spaß! Im Barrowland Ballroom traten schon David Bowie, Oasis, U2 und Metallica auf, das Angebot ist aber von Hip-Hop bis Electro breit gefächert. Die Bar verströmt den Glanz vergangener Zeiten. Sympathisches und lebhaftes Publikum.

4 **FINDHORN FOUNDATION**

THE PARK
Findhorn, Forres
IV36 3TZ
Norden
+44 (0)1309 690 311
findhorn.org

Nur einen Katzensprung von der namengebenden Ortschaft entfernt lebt die spirituelle Lebensgemeinschaft der Findhorn Foundation. Die 1963 mit nur einem Wohnwagen gegründete Gemeinschaft gehört heute weltweit zu den Pionieren in Sachen umweltverträgliches und nachhaltiges Leben und Denken. Ein wichtiger Pfeiler der Stiftung ist die Weiterbildung, in Workshops und Seminaren soll freies Denken und Experimentieren gefördert werden. Sie finden meist in der Universal Hall statt, die mit ihren runden Formen und bunten Glasfenstern eine geradezu magische Atmosphäre besitzt.

5 **HOUSE FOR AN ART LOVER**

BELLAHOUSTON PARK

10 Dumbreck Road
Glasgow
G41 5BW
+44 (0)141 353 4770
houseforanartlover.co.uk

Der Glasgower Architekt Charles Rennie Mackintosh schickte die Pläne für sein »Haus für einen Kunstliebhaber« 1901 zunächst an eine deutsche Zeitschrift und reichte sie dann bei einem Wettbewerb ein, bei dem er jedoch disqualifiziert wurde. Achtzig Jahre später wurde das Haus schließlich von Professor Andy MacMillan, ehemals Leiter der Architekturfakultät der Glasgow School of Art, gebaut, befindet sich heute aber leider in einem Zustand der Verwahrlosung. Seine Geschichte, die Gärten, das Café und der Atelierpavillon machen es dennoch zu einem großartigen Ziel für einen Nachmittagsausflug.

4 FINDHORN FOUNDATION

6 **CAOL RUADH SCULPTURE PARK**
Colintraive
PA22 3AR
Argyll & Bute
+44 (0)1700 841 357
scottishsculpture park.com

Interessanter und schöner Skulpturenpark mit vielen ungewöhnlichen Kunstwerken. Der 2012 eröffnete Caol Ruadh Sculpture Park möchte die besten schottischen Bildhauer ausstellen und fördern – und das in wunderbarer landschaftlicher Umgebung. Nur in den Sommermonaten zugänglich, informieren Sie sich am besten vorab über die Öffnungszeiten.

7 **THE GREAT POLISH MAP OF SCOTLAND**
BARONY CASTLE HOTEL
Old Manse Road
Eddleston
EH45 8QW
Scottish Borders
mapascotland.org
baronycastle.com

Die Great Polish Map of Scotland ging beinahe verloren. Glücklicherweise wurde sie Ende der Neunzigerjahre wiederentdeckt und 2017 vollständig restauriert. Dieses faszinierende, aus Beton im Maßstab 1:10 000 errichtete kartografische Reliefmodell Schottlands gilt heute als die größte dreidimensionale Landkarte weltweit. Erbaut wurde das Modell von einem in Galashiels stationierten polnischen Offizier, der nach seiner Verwundung 1942 eine schottische Krankenschwester kennenlernte und heiratete. Sein großartiges Werk steht mittlerweile unter Denkmalschutz.

8 **GARDEN OF COSMIC SPECULATION**

Dumfries
DG2 0RW
Süden
gardenofcosmic speculation.com

Privatgarten, der nur einmal im Jahr, meist um den Maifeiertag herum, öffentlich zugänglich ist. Der Gang durch die von Charles und Maggie Jencks geschaffene, von den Phänomenen Raum und Zeit inspirierte, mathematisch berechnete Parklandschaft mit ihren Wellenformen und linearen Kurven ist eine faszinierende Erfahrung! Eintrittskarten gibt es beim Scotland's Gardens Scheme, das Geld für wohltätige Zwecke sammelt (in diesem Fall auch für die von Maggie Jencks gegründeten Maggie's Cancer Centres). Öffnungszeiten und Informationen zum Ticketkauf auf der Website.

Großartige
KUNSTSAMMLUNGEN

9 **SCOTTISH NATIONAL GALLERY OF MODERN ART**
75 Belford Road
Edinburgh
EH4 3DR
+44 (0)131 624 6200
nationalgalleries.org

Atemberaubendes, auf zwei Gebäude, Modern One und Modern Two, verteiltes Museum. Zu Modern One – das klassizistische Gebäude von 1825 war einst Sitz der John Watson's Institution, einer Schule für vaterlose Kinder – gehören ein beeindruckender Skulpturenpark und eine faszinierende, von Charles Jencks entworfene Landschaftsarchitektur. Modern Two wurde 1833 errichtet und diente ursprünglich als Waisenkrankenhaus. Die beiden Häuser beherbergen eine herausragende Sammlung moderner und zeitgenössischer Kunst. Sorgfältig ausgewählte und in schöner Umgebung präsentierte Werke.

10 **SCOTTISH NATIONAL PORTRAIT GALLERY**
1 Queen St
Edinburgh
EH2 1JD
+44 (0)131 624 6200
nationalgalleries.org

Die seit 1889 öffentlich zugängliche Scottish National Portrait Gallery ist in einem der beeindruckendsten Bauten des Landes untergebracht – dem ersten Gebäude der Welt, das ausdrücklich als Gemäldegalerie errichtet wurde. Den Eingang dieses Pantheons schottischer Helden bewachen Robert the Bruce und William Wallace, die Haupthalle schmückt ein Fries mit Darstellungen aus der schottischen Geschichte. Freier Eintritt (mit Ausnahme einiger Ausstellungen). Die BP Portrait Awards sind ein Muss.

11 GOMA

Royal Exchange Square
Glasgow
G1 3AH
+44 (0)141 287 3050
glasgowlife.org.uk

Die Gallery of Modern Art (GoMA) befindet sich im Herzen von Glasgow. Das klassizistische Gebäude wurde 1778 erbaut und gehörte ursprünglich William Cunninghame, einem reichen Kaufmann und Tabakhändler. Das Museum geht offen damit um, dass dieser auch in den Sklavenhandel verstrickt war, und widmet seine Ausstellungen aktuellen sozialen Themen. Ein großartiger Ort, der zum Nachdenken über unsere Welt anregt, welche Rolle wir in ihr spielen und wie unsere Zukunft aussehen könnte. Zum Angebot gehören auch ein Café und kostenloses WLAN. Freier Eintritt.

11 GOMA

Beeindruckende **MUSEEN**

12 **ST MUNGO MUSEUM OF RELIGIOUS LIFE AND ART**

2 Castle St
Glasgow
G4 0RH
+44 (0)141 276 1625
glasgowlife.org.uk

Was die Religion angeht, blickt Glasgow auf eine komplizierte und nicht immer schöne Geschichte zurück. Deswegen will das St Mungo Museum in erster Linie informieren und für Toleranz einstehen. Das nach dem Stadtpatron von Glasgow benannte Museum präsentiert Kunst und Objekte der großen Weltreligionen. In einem speziell Schottland gewidmeten Stockwerk wird gezeigt, wie Religion über 5000 Jahre lang die Menschen in ihren Ansichten beeinflusst hat. Der Zengarten ist der älteste Großbritanniens und die St Mungo's Cathedral das älteste Bauwerk Schottlands.

13 **PETERHEAD PRISON MUSEUM**

South Road
Peterhead
AB42 2YY
Nordosten
+44 (0)1779 482 200
peterheadprison museum.com

Dieses auch als »Schottlands Alcatraz« bekannte Gefängnis machte 1987 Schlagzeilen, als die Insassen bei einem Aufstand die »D Hall« besetzten und zwei Wärter als Geiseln nahmen. Erst fünf Tage später sandte der damalige Innenminister Douglas Hurd die SAS (British Special Forces), um den Aufstand niederzuschlagen. Einer der beiden Wärter, der mittlerweile fast neunzigjährige Jackie Stuart, führt heute Besucher durch das Museum. Interessante Einblicke in die einstmals berüchtigte Strafanstalt.

14 THE V&A DUNDEE

1 Riverside Esplanade
Dundee
DD1 4EZ
Nordosten
+44 (0)1382 411 611
vam.ac.uk

Dieses einzigartige, von dem japanischen Architekten Kengo Kuma entworfene Gebäude, dessen spektakuläre Form angeblich von den Klippen der Küste im Nordosten inspiriert wurde, bereichert die Skyline von Dundee mit einem echten Hingucker. Das 2018 eröffnete erste Designmuseum Schottlands hat eine der bedeutendsten Sammlungen von Designobjekten aus Schottland und aller Welt vorzuweisen – sowohl analog als auch virtuell – und passt hervorragend in die als UNESCO City of Design ausgezeichnete Stadt Dundee.

14 THE V&A DUNDEE

15 NATIONAL MUSEUM OF SCOTLAND

15 NATIONAL MUSEUM OF SCOTLAND

Chambers St
Edinburgh
EH1 1JF
+44 (0)300 123 6789
nms.ac.uk

Das schottische Nationalmuseum mitten im Herzen von Edinburgh entstand 2006 durch den Zusammenschluss des Museum of Scotland mit dem angrenzenden Royal Museum. Sein großer, lichtdurchfluteter Hauptsaal mit der gusseisernen Konstruktion stammt aus dem Jahr 1866. Präsentiert werden Exponate aus dem alten Ägypten ebenso wie aus den Bereichen Technik oder Naturkunde, aber besonders eindrucksvoll sind die Ausstellungsstücke zur schottischen Geschichte und Archäologie, bis hin zu den frühesten Kulturen. Hier erfahren Sie einiges über Schottlands Vergangenheit und Gesellschaftssystem, die Errungenschaften des Landes und seine Zukunftspläne. Die Museum Late Nights während des Edinburgh Festival Fringe sollten Sie nicht verpassen. Planen Sie für die Besichtigung ruhig etwas mehr Zeit ein!

16 RIVERSIDE MUSEUM

Pointhouse Place
Glasgow
G3 8RS
+44 (0)141 287 2720
glasgowlife.org.uk

Die faszinierende Architektur des Riverside Museum ist ein Werk der mittlerweile verstorbenen Zaha Hadid. In dem Bau ist das Glasgow Transport Museum untergebracht, zu dessen Sammlung jede nur erdenkliche Art von Transportmitteln gehört: von alten Bussen und Lokomotiven über Kinderwagen bis hin zu Straßenbahnen und Fahrrädern. Witzig und interaktiv – hier kann man eine Menge Spaß haben, während man ganz nebenbei etwas über die Zeit der Industrialisierung in Schottland lernt. Tolles Ausflugsziel.

ENTDECKUNGEN

GRÜNE OASEN

17 **DR NEIL'S GARDEN**
Old Church Lane
Duddingston
Village
EH15 3PX
Edinburgh
+44 (0)7849 187 995
drneilsgarden.co.uk

Zwischen Arthur's Seat und Duddingston Loch versteckter grüner Tempel – hier kann man zur Ruhe kommen und den vergangenen Tag Revue passieren lassen. Der Garten wurde von dem Hausärzte-Ehepaar Nancy und Andrew Neil angelegt. Sie ermutigten ihre Patienten zur Mitgestaltung und wollten sie damit gleichzeitig zu einem aktiveren und gesünderen Lebensstil anregen. Nancy und Andrew starben 2005, aber ihr Vermächtnis lebt insbesondere in dem 2013 zu ihrem Gedenken angelegten Arzneipflanzengarten weiter. Sehenswert ist auch der kuriose Thomson's Tower, der 1825 für die Duddingston Curling Society gebaut wurde, um Curlingsteine darin zu lagern. Die untere Kammer dient heute als Museum, das die Geschichte des Clubs und seinen Einfluss auf den Curlingsport darstellt. Das Garden Room Cafe ist nur im Sommer geöffnet. Kunstevents und Weiterbildungsveranstaltungen.

18 ROYAL BOTANIC GARDEN EDINBURGH

Arboretum Place
Edinburgh
EH3 5NZ
+44 (0)131 248 2909
rbge.org.uk

Das »Botanics« in Edinburgh ist ein 70 ha großes, nur etwa 1,5 km vom Stadtzentrum entferntes Gartenparadies. An sonnigen Tagen lässt es sich in der 350 Jahre alten Pflanzensammlung des botanischen Gartens herrlich flanieren und entspannen. Zum Garten gehören zehn Gewächshäuser, ein Höhepunkt ist das 1858 erbaute viktorianische Temperate Palm House – das größte seiner Art in Großbritannien. Zwischen den 100 000 exotischen Pflanzen, den chinesischen Gärten und Beeten mit Amazonaslilien nehmen sich die bescheidenen einheimischen Pflanzen und der Scottish Heath Garden vielleicht nicht ganz so spektakulär aus, sollten aber nicht übersehen werden. Einer der schönsten botanischen Gärten der Welt!

18 ROYAL BOTANIC GARDEN EDINBURGH

19 THE LADY LINDA MCCARTNEY MEMORIAL GARDEN

Hall St
Campbeltown
PA28 6BJ
Argyll & Bute
lindasgarden.co.uk

Wenn Sie einen Spaziergang durch Campbeltown machen, sollten Sie unbedingt einen kleinen Abstecher zu Linda's Garden einplanen. Der kleine Garten in friedvoller Umgebung hinter einer Bibliothek wurde zum Gedenken an Paul McCartneys 1998 verstorbene Frau angelegt, die Argyll sehr liebte – ihre Asche wurde hier verstreut. Im Mittelpunkt steht eine Bronzestatue von Linda, die ein Lamm hält. Paul besitzt in der Gegend einen Bauernhof und schrieb hier in den Siebzigerjahren seinen Hit *Mull of Kintyre*.

Tolle STADTANSICHTEN

20 **CALTON HILL**
Regent Road
Edinburgh
EH1 3DG

Calton Hill bietet einen der schönsten Ausblicke auf Edinburgh und noch weiter bis zum Firth of Forth. Wer früh aufsteht, schafft es vielleicht noch vor den Touristenströmen nach oben und kann in aller Ruhe den Sonnenaufgang bei Arthur's Seat genießen – die Stadt im Licht der Morgensonne ist einfach ein großartiger Anblick. Von Calton Hill aus haben Sie eine ausgezeichnete Sicht auf einige der beliebtesten Sehenswürdigkeiten, wie das unvollendete National Monument, das Nelson Monument und das City Observatory. Langschläfer suchen sich am besten eine ruhige Ecke fern der Touri-Horden mit ihren Selfiesticks, um ganz gemütlich ein Bier in der Sonne zu genießen.

21 **DUNDEE LAW**
Law Road
Dundee
DD3 6LD
Nordosten

Ikonisches Wahrzeichen von Dundee. Einst befand sich auf dem 175 m hohen Hügel eine eisenzeitliche Siedlung und Wehranlage. An klaren Tagen bietet er einen unvergleichlichen Blick auf die Stadt sowie auf Fife und Perthshire. Ganz oben bei dem Kriegerdenkmal lassen sich die besten Fotos machen.

20 CALTON HILL

An der KÜSTE

22 CRUCIFIXION CAVE / DAVAAR ISLAND

Campbeltown
PA28 6RE
Argyll & Bute

Die an der Mündung des Campbeltown Loch liegende Gezeiteninsel Davaar Island ist berühmt für ihre Höhlen und den Leuchtturm. Besonders bekannt ist das 1887 von einem Fischer in einer Höhle entdeckte Gemälde einer Kreuzigung. Das damals als göttliches Zeichen gedeutete Bild wurde jedoch von dem Einheimischen Archibald MacKinnon geschaffen, nachdem ihn eine Vision ereilt hatte. Er selbst überarbeitete sein Werk einige Male. 2006 wurde es mit einer Darstellung Che Guevaras übermalt, mittlerweile ist es aber wiederhergestellt. Informieren Sie sich über die Flutzeiten, bevor Sie zur Insel hinüberlaufen (online oder am Pier). Während der Ebbe haben Sie drei Stunden Zeit für eine sichere Überquerung.

23 FINGAL'S CAVE / STAFFA

1 Top of the Pier
Achavaich,
Isle of Iona
PA76 6SW
Argyll & Bute
nts.org.uk

Staffa ist eine unbewohnte kleine Insel der Inneren Hebriden. Ihre aus dem Ozean aufragenden sechseckigen Basaltsäulen entstanden vor Jahrmillionen bei einem Vulkanausbruch. Diese Säulen umgeben auch die beeindruckende, 22 m hohe und 82 m breite Öffnung der Fingal's Cave, die auf Gälisch Uamh-Binn (»Melodiehöhle«) heißt, denn die gegen die Felsen schlagenden Wellen erzeugen einen einzigartigen Klang. Nur per Boot erreichbar, empfehlenswert ist Staffa Tours mit Abfahrten von Iona, Oban und Mull.

24 CRAMOND ISLAND

Edinburgh
EH4 6NU
queensferrylife boat.co.uk

Unbewohnte Insel mit Ruinen von Militärbauten aus dem Zweiten Weltkrieg und Bauernhöfen, die sich bei Ebbe über einen 1,2 km langen befestigten Weg vom Örtchen Cramond aus erkunden lässt. Der Weg entlang der Küste und zur Insel hinüber ist beliebt bei Joggern und Hundebesitzern. Achten Sie unbedingt darauf, dass Sie das Festland wieder rechtzeitig vor der Flut erreichen – denn das Wasser steigt dann überraschend schnell an!

24 CRAMOND ISLAND

25 WATER OF LEITH

Edinburgh

Dieser Fluss entspringt in den Pentland Hills bei Balerno und mündet beim Hafen von Leith in den Firth of Forth. Dem Wasserlauf folgt ein Fußweg, der zwischen Dean Village, Stockbridge und Leith besonders malerisch ist. Perfekt für einen Spaziergang.

26 KEIL'S CAVE UND ST COLUMBA'S STEPS

Southend,
Campbeltown
PA28 6RW
Argyll & Bute

Nachdem Sie die köstlichen Baisers im Muneroy Tearoom probiert haben, können Sie sie hier bei einem Spaziergang gleich wieder abtrainieren. Parkplätze gibt es am Keil Point, nicht weit von der St Columba's Chapel. Von dort laufen Sie einfach zurück zu dem eisernen Tor und können dann entweder zu den Höhlen oder zu St Columba's Steps weitergehen. Die Höhlen mit Namen wie Piper's Cave, Great Cave oder Hermit's Retreat waren über die Jahrhunderte immer wieder bewohnt. Es wurde römische Keramik gefunden, und aus einer Volkszählung von 1881 geht hervor, dass die Familien McFee und McCallum hier lebten. In der Piper's Cave spukt angeblich ein Dudelsackspieler, der einst auf dem Heimweg verschwand. Bei St Columba's Steps handelt es sich um ein Paar in Stein gemeißelter Fußabdrücke – einer wurde 1856 von einem einheimischen Steinmetz geschaffen, der andere ist uralt. Solche in Stein gehauene Fußabdrücke entstanden üblicherweise anlässlich von Krönungszeremonien, weswegen ihre Bedeutung hier unklar ist. Sie wurden mit dem hl. Columban in Verbindung gebracht, der Schottland christianisierte und der Legende nach hier an Land ging.

UNERWARTETES *und* SKURRILES

27 **WHALIGOE STEPS**
Lybster
KW2 6AB
Highlands & Inseln

Diese 1786 in die steile Felswand gehauene Treppe führt zu einem der unzugänglichsten Häfen Schottlands – und in vergangene Zeiten. Der berühmte schottische Architekt und Steinmetz Thomas Telford war der Ansicht, dies sei ein »grässlicher Ort« für einen Hafen, doch Captain David Brodie ließ sich nicht davon abhalten, einem einheimischen Steinmetzen 8 £ zu zahlen, damit dieser die 330 Stufen in den Felsen schlug. Die Investition machte sich bezahlt, denn um 1814 lagen hier 14 Heringsfischerboote. Heute sind noch die Ruinen des Salzhauses zu sehen, in dem die Frauen die Fische ausnahmen, in Salz einlegten und in Fässer verpackten. Oben auf den 76 m hohen Klippen stand eine Böttcherei, von der sie die Fässer hinabließen und den frischen Fang hinaufzogen, um ihn im 11 km entfernten Wick zu verkaufen. Ein Knochenjob! Heute dagegen genießt man hier vor allem den grandiosen Ausblick und das kleine Abenteuer, die Stufen hinunter- und wieder hinaufzusteigen – und belohnt sich danach mit einem Kuchen in dem schönen Café oben auf dem Felsen. Der Weg zu den Whaligoe Steps ist nicht ausgeschildert, am besten folgen Sie den Schildern Richtung Cairn o'Get, dann sind die Steps nicht mehr weit.

28 CLOOTIE WELL

A832
Munlochy
IV8 8AD
Highlands & Inseln

Diesen heiligen Brunnen gibt es vermutlich seit etwa 620 v. Chr. Hier vollzog man heidnische Rituale und opferte lokalen Gottheiten, da dem Clootie Well Heilkräfte zugeschrieben wurden. Das schottische Wort *cloot* bezeichnet ein »Stück Stoff«, und Pilger banden, begleitet von Gebeten und einem Ritual, Stoffstücke an die Bäume. Man glaubte, dass sich mit dem Stoff im Lauf der Zeit auch die Krankheit der Person, der der Stoff gehört, auflöst und verschwindet. Auch heute noch folgen viele diesem alten Ritual, leider sind die meisten modernen Stoffe synthetisch und verrotten nicht so schnell – besser ist es, dafür biologisch abbaubare Naturtextilien zu verwenden. 1560 wurden Pilgerfahrten zu heiligen Brunnen per Gesetz verboten und damit die traditionellen Praktiken der iroschottischen Kirche kriminalisiert – was einen Besuch dieses alten Heiligtums umso spannender macht.

30 WEG ZUM DEVIL'S PULPIT / FINNICH GLEN

29 BELHAVEN BRIDGE

20 Shore Road
Dunbar
EH42 1NX
Die Lothians

Bei Flut ein seltsamer Anblick, denn dann scheint diese vom Wasser umspülte »Brücke ins Nichts« keinem Zweck zu dienen. Bei Ebbe allerdings wird klar, dass sie über einen kleinen Wassergraben zu einem Sandstrand führt. Ein wunderbares Motiv für alle Instagram-Fans und Amateurfotografen!

30 THE DEVIL'S PULPIT / FINNICH GLEN

A809
Dumgoyne
G63 9QL
Loch Lomond & Die Trossachs
+44 (0)141 675 7895
thedevilspulpit.com

Der geheimnisumwitterte, bei niedrigem Wasserstand knollig hervorstehende Fels gab Finnich Glen oder Devil's Pulpit seinen Namen, denn er sieht tatsächlich wie eine Kanzel (*pulpit*) aus. Dem Volksglauben nach predigte hier der Teufel zu seinen Anhängern, und schwarzmagische Druiden hielten geheime Treffen ab. Das Wasser des Flusses wird aber nicht, wie man glaubte, vom Blut ihrer Opfer rot gefärbt, die Farbe stammt vielmehr von dem roten Sandstein der Schlucht mit den steilen, 21 m hohen Wänden, deren grüner Moosbewuchs zur gruseligen Atmosphäre beiträgt. Ein faszinierender Ort voll düsterer Schönheit. Beachten Sie, dass Devil's Pulpit nicht leicht zu erreichen ist und nach starken Regenfällen gemieden werden sollte. Wenn das Wasser hoch steht, ist es dort rutschig und deswegen gefährlich. Passendes Schuhwerk ist grundsätzlich unerlässlich, und man sollte immer Vorsicht walten lassen. Beachten Sie außerdem, dass es nur wenige Parkmöglichkeiten gibt.

31 ADVOCATE'S CLOSE

Royal Mile
Edinburgh
EH1 1ND

Wenn Sie von der Royal Mile genug haben und den Touristenströmen ein wenig aus dem Weg gehen wollen, biegen Sie am besten in die Advocate's Close ab, eine abschüssige, schmale Gasse, die es vermutlich seit 1544 gibt und in deren dunklen Schatten die Vergangenheit Edinburghs zum Leben zu erwachen scheint. Von der Royal Mile kommend, verlassen Sie das Gässchen dann Richtung Cockburn Street und gelangen von dort zur Princes Street mit dem Scott Monument und in die Old Town.

31 ADVOCATE'S CLOSE

Eindrucksvolle **LANDSITZE**

32 **MOUNT STUART HOUSE**
Isle of Bute
PA20 9LR
Argyll & Bute
+44 (0)1700 503877
mountstuart.com

Dieses monumentale neugotische Herrenhaus aus dem 19. Jh. muss man einfach mit eigenen Augen gesehen haben. Das ursprüngliche, 1719 errichtete Anwesen wurde bei einem Brand zerstört und 1877 vom dritten Marquess of Bute wiederaufgebaut. Es galt als eines der technisch fortschrittlichsten Wohngebäude seiner Zeit. Das Anwesen mit der beeindruckenden Kapelle aus weißem Marmor, den Decken mit Darstellungen der Sternzeichen und einem etwa 120 ha großen Garten ist ebenso extravagant wie fantasievoll gestaltet. Die Kunstsammlungen und Archive sind seit geraumer Zeit für die Öffentlichkeit zugänglich, und es finden Ausstellungen statt. Das Café Bute Kitchen hat eine große Auswahl an regionalen Gerichten im Angebot, und Sie können sogar ein luxuriöses Picknick auf dem Gelände im Voraus buchen. Der Eintrittspreis lohnt sich, denn hier kann man den Tag auf einem der beeindruckendsten Anwesen Schottlands verbringen.

33 HADDO HOUSE

Methlick
AB41 7EQ
Nordosten
+44 (0)1651 851 440
nts.org.uk

Der große, schöne Park rund um Haddo House ist ideal für einen Spaziergang. Das stattliche Anwesen war über 400 Jahre lang in Besitz derselben Familie und gehört heute dem National Trust for Scotland. Es gibt einen Terrassengarten, einen Landschaftspark, einen Abenteuerspielplatz und ein Café. Außerdem können Sie das Haus bei einer siebzigminütigen Führung erkunden.

34 DUFF HOUSE

34 DUFF HOUSE

Banff
AB45 3SX
Norden
+44 (0)1261 818 181
historic environment.scot

Dieses große georgianische Herrenhaus hat eine komplizierte Geschichte. Der Bau im Auftrag des erfolgreichen Geschäftsmanns und Politikers William Duff wurde 1735 begonnen, nachdem er für dieses Prestigeprojekt den schottischen Architekten William Adam engagiert hatte. Die Arbeiten wurden jedoch 1741 wegen knapper werdender Mittel eingestellt, und es kam schließlich zu einer fünf Jahre andauernden Gerichtsverhandlung. Adam gewann, verstarb allerdings, bevor seine Forderungen beglichen wurden. Der enttäuschte William Duff entschied wiederum, keine einzige Nacht in diesem Haus zu verbringen, und überließ die weiteren Arbeiten an Duff House seinen Erben. Zu Beginn des 20. Jh. heiratete die Familie Duff in das Königshaus ein, und ihr Landsitz wurde von nun an für viele verschiedene Zwecke genutzt – als Hotel, Sanatorium und Kriegsgefangenenlager. 1940 wurde es bei einem Angriff der deutschen Luftwaffe beschädigt. 1995 wurde Duff House wieder für die Öffentlichkeit geöffnet. Heute ist das Haus Partner der National Galleries of Scotland, aus deren Sammlung hier viele Werke untergebracht sind. Wenn Sie die hübschen Küstenstädte Banff und Macduff in der Nähe besuchen, sollten Sie auf keinen Fall dieses prächtige Anwesen versäumen.

35 **THE SALMON BOTHY**
Links Road
Portsoy
AB45 2SS
Norden
+44 (0)1261 842 951
salmonbothy.org

Früher wurde in The Salmon Bothy Lachs verarbeitet, heute sind hier ein Museum und ein Veranstaltungsraum untergebracht. Das Museum zeigt, welch große Rolle der Lachs in der Geschichte dieses Küstenlandstrichs spielte, und gibt einen Einblick in das Leben und die Kultur, die mit dieser Industrie einherging. The Salmon Bothy bietet sogar Familienforschung mithilfe von qualifizierten Fachkräften und Ahnentafeln an. Ein netter Ort, den Sie sich nicht entgehen lassen sollten, wenn Sie in dieser Gegend unterwegs sind.

36 **THE GOVAN STONES**
GOVAN OLD PARISH CHURCH
866 Govan Road
Glasgow
G51 3UU
+44 (0)141 440 2466
thegovanstones.org.uk

Die 31 skulptierten Govan Stones aus dem 9. bis 11. Jh. in der Govan Old Parish Church erzählen von der komplizierten Geschichte Schottlands und gelten als Zeugnisse der Machtkämpfe im Königreich Strathclyde. Zu ihnen gehören auch fünf fantastische Hogbackgrabsteine (»Schweinerücken«). Der steinerne frühchristliche Sarkophag mit seinen strengen Ornamenten ist der einzige seiner Art aus pränormannischer Zeit in Großbritannien. Eintritt frei, Spenden sind herzlich willkommen.

37 CULLODEN HILL

CULLODEN VISITOR CENTRE

Culloden Moor
Inverness
IV2 5EU
Highlands & Inseln
+44 (0)1463 796 090
nts.org.uk/visit/places/culloden

Culloden ist kein Geheimtipp, aber einer der geschichtsträchtigsten Orte Schottlands, denn das Land wäre heute sicher ein anderes, hätten die aufständischen Jakobiten (Anhänger des Hauses Stuart) am 16. April 1746 die Schlacht von Culloden gegen die Truppen der britischen Regierung gewonnen. Angeblich wuchs auf dem Schlachtfeld jahrelang gar nichts, heute findet man dort Fingerhut, Eberesche, Weide und Blutwurz – allesamt Pflanzen, die in der Medizin des 18. Jh. eine große Rolle spielten. Im Besucherzentrum oder noch besser im Rahmen einer Führung können Sie sich über diesen faszinierenden Abschnitt schottischer Geschichte informieren. Schönes Café.

37 CULLODEN HILL

59 **NEW SLAINS CASTLE**

ARCHITEKTUR

Orte des **GLAUBENS**

38 **MELROSE ABBEY**

Abbey St
Melrose
TD6 9LG
Scottish Borders
+44 (0)1896 822 562
historic environment.scot

Melrose Abbey spielte eine zentrale Rolle in Schottlands Geschichte. In der beeindruckenden Klosterruine wurde angeblich das einbalsamierte Herz von König Robert the Bruce in einer Bleiurne bestattet. Das Kloster wurde 1136 auf Wunsch König Davids I. von Schottland von Zisterziensermönchen im Grenzgebiet zu England errichtet. Eine Machtdemonstration, und so ließen es die englischen Könige wiederholt angreifen – besonders verheerend war ein Überfall von Richard II. im Jahr 1385 –, sodass Melrose Abbey immer wieder in verschiedenen mittelalterlichen Architekturstilen von der Romanik bis zur Gotik wiederaufgebaut wurde. Von der originalen Bausubstanz ist kaum etwas erhalten. Die heutige gotische Ruine hat viele sehenswerte Details zu bieten, so sind an der Außenfassade Skulpturen angebracht, die ein Dudelsack spielendes Schwein, Laute spielende Engel und Köche mit Schöpfkellen zeigen. Im Commendator's House Museum im Nordteil der Anlage können Sie die größte Sammlung mittelalterlicher Fundstücke in ganz Schottland besichtigen. Begeben Sie sich auf eine Reise in die Vergangenheit in einem der großartigsten Bauwerke Schottlands!

39 KAGYU SAMYE LING MONASTERY

Langholm,
Dumfries
DG13 0QL
Süden
+44 (0)1387 373 232
samyeling.org

Ein buddhistisches Kloster mitten in Schottland? Das 1967 gegründete Kagyu Samye Ling war das erste Zentrum des tibetischen Buddhismus in der westlichen Welt. Inmitten der vielen Tempel, Stupas und Gebetsmühlen fühlt man sich beinahe wie in Nepal oder Tibet. Man kann die beruhigende, meditative Atmosphäre des Klosters auf sich wirken lassen und dann im traditionellen Teeraum eine Pause machen. Umfangreiches, im Zuge des allgemeinen Trends zur Achtsamkeit immer beliebter werdendes Kursangebot, unter anderem mit Yoga, Meditation und Tai-Chi. Nicht nur für Buddhismusinteressierte ein lohnendes Ausflugsziel!

39 KAGYU SAMYE LING MONASTERY

40 JEDBURGH ABBEY

4 Abbey Bridge End
Jedburgh
TD8 6JQ
Scottish Borders
+44 (0)1835 863 925
historic environment.scot

Die Abtei von Jedburgh ist ein eindrucksvolles Beispiel für die im 12. Jh. von König David I. initiierten Klosterbauten an der Grenze zu England. Aus der anfänglichen Priorei wurde während der über siebzig Jahre währenden Bauzeit schließlich eine Abtei, die – wie Melrose Abbey – verschiedene Architekturstile von der Romanik bis zur Gotik in sich vereint. Bereits 300 Jahre vor der Errichtung des Klosters hatte dieser Ort religiöse Bedeutung, was im Besucherzentrum ausgestellte Fundstücke belegen. Unter ihnen befinden sich Kreuze und ein Sarkophag aus dem 8. Jh. sowie ein Bartkamm aus Walrosszahn, datiert um 1110. Bauliche Zeugnisse sind aus dieser Zeit allerdings nicht überliefert. Von den erhöhten Besucherstegen aus hat man einen schönen Blick auf die Ruine dieser geschichtsträchtigen Klosteranlage.

41 MAGDALEN CHAPEL

41 Cowgate
Edinburgh
EH1 1JR
+44 (0)131 220 1450
scottishreformation society.org

Diese kleine Kapelle im Herzen von Edinburgh wurde um 1541 von Michael MacQueen und seiner Ehefrau Janet Rynd für die Incorporation of Hammermen (Vereinigung der Hammerschmiede) gestiftet und blieb bis zum Jahr 1858 in deren Besitz. Heute gehört sie der Scottish Reformation Society. Die mittelalterlichen Glasfenster sind die einzigen Schottlands, die während der schottischen Reformation nicht zerstört oder entfernt wurden. Die Cowgate ist bei Edinburghs Nachtschwärmern eine sehr beliebte Straße, die Kapelle wird allerdings meist übersehen. Geöffnet von Montag bis Freitag von 10 bis 16 Uhr.

42 ROSSLYN CHAPEL

Chapel Loan
Roslin
EH25 9PU
Die Lothians
+44 (0)131 440 2159
rosslynchapel.com

1446 ließ William St Clair, der letzte Earl of Orkney, im kleinen, nur wenige Kilometer südlich von Edinburgh gelegenen Dorf Roslin die Rosslyn Chapel errichten. Um diese gotische Kirche ranken sich viele Legenden und Verschwörungstheorien – so vermuten manche hier das Versteck des Heiligen Grals. Im Inneren bedecken rätselhafte Steinmetzarbeiten die Wände, deren geometrische Ornamente als Rätsel und sogar als Notation eines Musikstücks interpretiert wurden. Besonders bekannt ist die Deutung einiger Darstellungen als Maispflanzen, die hier demnach vor Kolumbus' Entdeckung von Nordamerika im Jahr 1492 verewigt worden wären. Diese fantastischen, detailreichen Steinmetzarbeiten machen die Kapelle zu einem der außergewöhnlichsten Bauten Schottlands.

42 ROSSLYN CHAPEL

PRACHTBAUTEN

43 NATIONAL ARCHIVES OF SCOTLAND – GENERAL REGISTER HOUSE

2 Princes St
Edinburgh
EH1 3YY
nrscotland.gov.uk/research/learning/exhibitions

Das General Register House in bester Lage an der Ostseite der Princes Street gehört zu den ältesten Archivgebäuden der Welt. Jeder, der nach schottischen Vorfahren sucht, kommt früher oder später hierher. Zu den im Archiv aufbewahrten Dokumenten gehören Geburts- und Heiratsurkunden sowie Todesanzeigen und Unterlagen zu Einwanderern und Sklaven. 1752 begann man mit den Bauarbeiten, finanziert wurde das Vorhaben aus beschlagnahmten Jakobitenvermögen in Höhe von 12 000 £. 1779 wurden die Bauarbeiten eingestellt, da das Budget aufgebraucht war. Sechs Jahre lang blieb das Gebäude unvollendet, zog angeblich zwielichtige Gestalten an und wurde noch dazu als »prächtigstes Taubenhaus Europas« verspottet. Der spektakulärste Teil des Gebäudes ist die von Robert Adam entworfene, 24 m hohe Circular Record Hall mit einem Durchmesser von 15 m. Sie wird von einer vom Pantheon in Rom inspirierten Kuppel mit einem Okulus überspannt. Hinter dem Gebäude verbirgt sich ein Juwel, das selbst vielen Einwohnern Edinburghs unbekannt ist: die Archivists' Gardens mit ihren 57 Pflanzen, die aufgrund ihres Bezugs zu Lebensereignissen wie Geburt, Tod und Heirat, aber auch zu Volksglauben und Wappen ausgewählt wurden.

44 **GLASGOW CITY CHAMBERS**

82 George St
Glasgow
G2 1DU
+44 (0)141 287 4018
glasgow.gov.uk

Die vom schottischen Architekten William Young entworfenen und 1888 fertiggestellten Glasgow City Chambers gelten als eindrucksvolles Beispiel eines öffentlichen Gebäudes aus viktorianischer Zeit. Das Rathaus wurde im August 1888 von Königin Viktoria eingeweiht, und im Oktober 1889 fand die erste Ratssitzung statt. Das Innere ist aufwendig mit Mosaikdecken und Marmortreppen ausgestattet. Im Festsaal erhielt Nelson Mandela 1993 die Auszeichnung Freedom of the City. Am besten lernt man das beeindruckende Gebäude bei einer kostenlosen Führung kennen: Montag bis Freitag um 10.30 und 14.30 Uhr. Anmeldungen sind nicht möglich, man sollte etwa eine halbe Stunde vor Beginn der Führung vor Ort sein.

44 GLASGOW CITY CHAMBERS

45 UNIVERSITY OF GLASGOW

University Avenue
Glasgow
G12 8QQ
gla.ac.uk

Diese viertälteste Universität Großbritanniens wurde 1451 gegründet. Das beeindruckende Hauptgebäude mit dem markanten, 85 m hohen Turm ist nach Sir George Gilbert Scott benannt, dem bedeutenden Architekten der Neugotik, der für den Neubau der Universität verantwortlich war. Nach seinem Tod vollendete sein Sohn Oldrid 1891 den Bau. Die 1929 errichtete Universitätskapelle ist Gedenkstätte für die in den Weltkriegen gefallenen Studenten – und gleichzeitig eine der wenigen Kirchen Schottlands, in der sowohl protestantische als auch katholische Hochzeitsfeierlichkeiten stattfinden dürfen. Sehenswert ist auch das Hunterian Museum. Auf dem Weg dorthin durchqueren Sie die beiden Höfe East und West Quadrangle und gehen dann unter den Arkaden von »The Cloisters« hindurch – das ist der malerischste Ort der Universität. Am besten im Rahmen einer Führung besichtigen.

45 UNIVERSITY OF GLASGOW

46 **THE DUNMORE PINEAPPLE**
DUNMORE PARK
In der Nähe von
Airth, Falkirk
FK2 8LU
Die Lothians
+44 (0)131 458 0200
nts.org.uk

Die »Dunmore-Ananas« ist ein faszinierendes und witziges Gebäude. Das Treibhaus wurde 1761 errichtet, um seltene Früchte und Gemüse darin anzubauen. Vermutlich ließ John Murray, der vierte Earl of Dunmore und letzte Gouverneur der Kolonie Virginia, die Ananaskuppel nach 1777, als er aus Amerika zurückgekehrt war, als Geschenk für seine Frau Charlotte aufsetzen. Ananas galten im 18. Jh. als Delikatesse und waren ein Statussymbol – diese 14 m hohe Darstellung ist also eine deutliche Ansage! Im Park können Sie mit Blick auf das hübsche, wenn auch etwas bizarre Gebäude wunderbar spazieren gehen.

46 THE DUNMORE PINEAPPLE

47 ROYAL OBSERVATORY EDINBURGH

Blackford Hill
Edinburgh
EH9 3HJ
+44 (0)131 668 8404
www.roe.ac.uk

Mehrere Forschungseinrichtungen und die University of Edinburgh nutzen derzeit das Königliche Observatorium. Früher befand sich die Sternwarte auf dem Calton Hill (heute ist dort das City Observatory). Die beiden beweglichen und auffällig grün oxidierten Kupferkuppeln sind mit modernster Technik zur nächtlichen Himmelsbeobachtung ausgestattet. Bei den regelmäßig stattfindenden, hochinteressanten Abendvorträgen lernen Sie unser Universum besser kennen. Besuche nur nach Voranmeldung, denn das ROE dient in erster Linie der Forschung.

48 GLASGOW WOMEN'S LIBRARY

23 Landressy St
Glasgow
G40 1BP
+44 (0)141 550 2267
womenslibrary.org.uk

Die 1991 gegründete Glasgow Women's Library hat im hervorragend sanierten Gebäude der ehemaligen Carnegie Library von 1903 eine neue Heimat gefunden. Sie ist gleichzeitig das einzige Museum in Großbritannien, das sich dem Leben, der Geschichte und den Errungenschaften von Frauen widmet. In der Leihbibliothek gibt es jede Menge fesselnde Lektüre, dazu kommen umfangreiche Archive. Zum Angebot gehören außerdem inspirierende Veranstaltungen, Workshops und Weiterbildung für alle. Kommen Sie einfach vorbei, informieren Sie sich und lassen Sie sich inspirieren.

49 THE LIGHTHOUSE

11 Mitchell Lane
Glasgow
G1 3NU
+44 (0)141 276 5365
thelighthouse.co.uk

The Lighthouse ist Schottlands Zentrum für Design und Architektur. Der junge Charles Rennie Mackintosh entwarf 1895 das Bürogebäude, in dem bis 1980 die Redaktionsräume des *Glasgow Herald* untergebracht waren – es war sein erster öffentlicher Auftrag. Eine Dauerausstellung über Mackintosh informiert auch über die Baugeschichte des Hauses. Bemerkenswert ist die schöne Aussicht auf Glasgows wunderbare Skyline. Eine Aussichtsplattform erreicht man, indem man die Wendeltreppe bis ganz nach oben hinaufsteigt, zur anderen, moderneren im sechsten Stock gelangt man mit dem Aufzug.

49 BLICK VOM LIGHTHOUSE

50 PROVAND'S LORDSHIP

Castel St
Glasgow
G4 0RB
+44 (0)141 276 1625
glasgowlife.org.uk

Provand's Lordship, eines von vier erhaltenen mittelalterlichen Gebäuden der Stadt, ist das älteste Haus Glasgows. Es wurde 1471 von Andrew Muirhead, dem Bischof von Glasgow, erbaut, ist mit schottischen Möbeln aus dem 17. Jh. sowie Porträts der Königsfamilie ausgestattet und dient heute als Museum. Hinter dem Haus befindet sich der St Nicholas Garden. Freier Eintritt.

50 PROVAND'S LORDSHIP

51 GOVANHILL BATHS

99 Calder St
Glasgow
G42 7RA
+44 (0)141 433 2999
govanhillbaths.com
(voraussichtlich bis Ende 2020 wegen Renovierung geschlossen)

Die 1917 eröffneten Govanhill Baths sind das letzte noch erhaltene Volksbad aus edwardianischer Zeit und ein wunderbares Stück Glasgower Stadtgeschichte. Das Bad diente nicht nur dem Freizeitvergnügen, sondern erfüllte eine weitere wichtige Funktion: Anwohner aus den umliegenden Mietswohnungen konnten hier im Waschhaus ihre Wäsche waschen. 2001 wurden die Govanhill Baths von der Stadtverwaltung geschlossen. Glücklicherweise fand sich eine engagierte Gruppe von Anwohnern zum Govanhill Baths Community Trust zusammen, der die Einrichtung durch ein vielfältiges Veranstaltungsangebot mit Leben füllt, zu dem Kunstevents, Lesungen und Theateraufführungen gehören. Dieser Stiftung ist es auch zu verdanken, dass das Bad saniert und 2020 als Wellnesscenter wieder eröffnet werden soll.

BURGEN *und* TOWER HOUSES

52 ELCHO CASTLE

Rhynd, Perth
PH2 8QQ
Zentralschottland
+44 (0)1738 639 998
historic environment.scot

In Elcho Castle kann man sich gut vorstellen, wie das Leben in einer Festung des 16. Jh. aussah. Steigen Sie bei Ihrem Rundgang durch die gut erhaltene Burg unbedingt auch zu den Wehrgängen hinauf. Von dort haben Sie einen herrlichen Blick über Perthshire und den River Tay.

53 KELLIE CASTLE

Pittenweem
KY10 2RE
Zentralschottland
+44 (0)1333 720 271
nts.org.uk

Nachdem der zehnte Earl of Kellie 1829 ohne direkte Nachkommen verstorben war, gab man das 1360 erbaute Kellie Castle auf. Es verfiel zusehends, 1860 wurde der Rittersaal sogar als Scheune benutzt. Doch dann kam eine Edinburgher Familie, die in der Gegend gerade Urlaub machte, an Kellie Castle vorbei und entschloss sich, die Ruine für 38 Jahre zu mieten und ihr zu neuem Glanz zu verhelfen. Es handelte sich dabei um die berühmte Architekten- und Künstlerfamilie Lorimer. Bei ihren Arbeiten an der Burg restaurierten sie unter anderem auch die Stuckdecken, die zu den ältesten Schottlands gehören. Im Garten und im umliegenden Wald kann man schön spazieren gehen und danach in der alten Burgküche gemütlich einen Tee trinken.

54 SMAILHOLM TOWER

Sandyknowe Farm
Kelso
TD5 7PG
Scottish Borders
+44 (0)1573 460 365
historic environment.scot

Das hohe, schmale Tower House von Smailholm erhebt sich auf einem Felsen über der umliegenden Landschaft. Der Turm ist 20 m hoch und hat 2 m starke Wände – eine in dieser beständig umkämpften Grenzregion unerlässliche Schutzmaßnahme. Als Sir Walter Scott noch ein kränkliches Kleinkind war, wurde er zur Erholung hierher geschickt. Seine Großmutter und seine Tante lasen ihm hier Geschichten über die Scottish Borders vor, die ihn noch später als Erwachsener beeinflussten und seine Fantasie beflügelten. Kurz vor seinem Tod im Jahr 1832 besuchte er Smailholm Tower ein letztes Mal. Sein Grab befindet sich in der nicht weit entfernten Dryburgh Abbey.

55 CRAIGIEVAR CASTLE

Alford
AB33 8JF
Nordosten
+44 (0)131 458 0200
nts.org.uk

Dieses siebenstöckige, von 1576 bis um 1626 erbaute Tower House ist der Inbegriff eines Märchenschlosses. Angeblich diente Craigievar Castle Walt Disney als Inspiration für sein Schneewittchenschloss. Mit seinen rosafarbenen Mauern sticht es deutlich aus der zauberhaften Waldlandschaft hervor, in der Sie wunderbar spazieren gehen und die ländliche Ruhe genießen können

56 DUNROBIN CASTLE

Golspie
KW10 6SF
Highlands & Inseln
+44 (0)1408 633 177
dunrobincastle.co.uk

Dunrobin Castle scheint fast zu lieblich für die schottischen Highlands zu sein. Das Schloss mit seinen 189 Zimmern ist seit dem 13. Jh. Heimat der Grafen und Herzöge von Sutherland. Tief greifende Veränderungen nach dem Vorbild eines französischen Châteaux mit hohen, runden Türmen und einem streng symmetrischen Barockgarten nahm Charles Barry im Jahr 1845 vor. Der beeindruckende Bau hat allerdings eine dunkle Vergangenheit: Die Sutherlands gingen bei den Highland Clearances – der gewaltsamen Vertreibung landloser Kleinbauern zugunsten der flächendeckenden Schafzucht im 18. und 19. Jh. – besonders brutal vor, und der Umbau des Schlosses wurde durch das so erworbene Vermögen ermöglicht. Nicht nur ein schöner, sondern auch ein geschichtsträchtiger Ort.

56 DUNROBIN CASTLE

Malerische RUINEN

57 **OLD CASTLE LACHLAN**
B800
Barnacarry
PA21 2EP
Argyll & Bute
+44 (0)1369 860 669
oldcastlelachlan.com

Wunderschöne kleine Burgruine am Ufer des Loch Fyne. Hier hatte das Oberhaupt der MacLachlans, eines der ältesten Clans der Highlands, seinen Sitz. Nachdem der 17. Clan-Chief, ein treuer Jakobit (Anhänger des Hauses Stuart), 1746 in der Schlacht von Culloden getötet worden war, segelte ein Schiff der Regierungstruppen den Loch hinauf und nahm die Festung unter Feuer. In der Folgezeit wurde sie aufgegeben und verfiel. Rund um die Burg gibt es wunderschöne Spazierwege – ideal für ein Picknick oder für einen Verdauungsspaziergang nach einem großartigen Dinner im burgeigenen Restaurant Inver.

58 **EDZELL CASTLE UND GARTEN**
Brechin
DD9 7UE
Nordosten
+44 (0)1356 648 631
historic environment.scot

Die Burgruine aus dem Jahr 1500 war Heimat der mächtigen Familie Lindsay, die dort so berühmte Gäste wie Maria Stuart beherbergte. Die hoch verschuldeten Lindsays mussten Edzell 1715 verkaufen. Der neue Besitzer, Earl of Panmure, verlor die Burg, da er Anhänger der Jakobiten war. Besonders sehenswert ist der herrliche Garten von 1604. Die dort an den Mauern angebrachten Steintafeln sind einzigartig in Schottland. Sie stellen die Tugenden, die freien Künste und Planetengottheiten dar und sollen Bezüge zu Esoterik und Freimaurerei haben.

60 DUNNOTTAR CASTLE

59 NEW SLAINS CASTLE

A975
Cruden Bay
AB42 0NE
Nordosten

Beeindruckende Ruine nahe dem Örtchen Cruden Bay. Das 1597 erbaute, am Rand der Klippen aufragende Schloss verbreitet eine leicht unheimliche Atmosphäre. Kein Wunder also, dass es als Inspiration für Bram Stokers berühmten Roman *Dracula* diente. Seien Sie vorsichtig bei der Erkundung der Schlossruine und der Klippen, besonders wenn es windig ist, denn hier verliert man schnell den Halt. Am besten erreichen Sie New Slains Castle zu Fuß von Cruden Bay aus (ein etwas längerer Spaziergang), oder Sie parken auf dem kleinen Parkplatz an der A975. »Willkommen in meinem Haus. Kommen Sie ruhig herein. Gehen Sie sicher wieder, und lassen Sie etwas von dem Glück hier, das Sie mitgebracht haben« (Bram Stoker, *Dracula*).

60 DUNNOTTAR CASTLE

Stonehaven
AB39 2TL
Nordosten
+44 (0)1569 766 320
dunnottarcastle.co.uk

Die einst stark befestigte, in beeindruckender Lage 49 m hoch über dem Meer thronende Burg spielt eine wichtige Rolle in der schottischen Geschichte: Sie wurde vom legendären William Wallace erobert, Maria Stuart und König Jakob VI. von Schottland waren hier zu Gast. Etwas weiter nördlich wurde die älteste bislang bekannte Befestigungsanlage der Pikten entdeckt. Von der Burg aus hat man einen atemberaubenden Blick, und man sollte auch eine der tollen Führungen mitmachen. Wenn Sie von Stonehaven aus zu Fuß zur Burg gehen wollen, nehmen Sie den Weg über die Klippen – eine Wegbeschreibung finden Sie auf der Dunnottar-Website. Ein Muss für alle Burgen-Fans!

61 CASTLE TIORAM

Eilean Tioram
Loch Moidart/
River Shiel
Doirlinn
Q5MC
Highlands & Inseln
moidart.org.uk

Imposante Burgruine auf einer felsigen Gezeiteninsel am Loch Moidart. In früheren Zeiten, als man die zerklüftete Westküste Schottlands am besten auf dem Wasserweg bereiste, war diese Lage perfekt: Die Burg befand sich direkt an einer historischen Handelsroute zu den Inseln vor der Westküste. Sie war Sitz des Clans der MacDonald of Clanranald, der für viele Streitigkeiten zwischen den Clans der Highlands und der Inseln sowie dem englischen Königshaus verantwortlich war. 1692 wurde die Burg von der Regierung beschlagnahmt, während sich der Clan-Chief Allan von Clanranald bei den Jakobiten in Frankreich aufhielt. Allan eroberte sie 1715 während des Jakobitenaufstands zurück und brannte sie nieder, um zu vermeiden, dass sie erneut in die Hände der Regierung fiel. Die Ruine wurde seitdem nicht wieder aufgebaut. Folgen Sie, von der A861 kommend, den Schildern Richtung »Castle Dorlin«, wie die Einheimischen die Ruine nennen, dann geht es weiter über eine einspurige Straße, an deren Ende ein Parkplatz liegt. Von dort aus gehen Sie bei Ebbe über den Damm zur Burg – behalten Sie dabei aber immer die Gezeiten im Auge. Achten Sie bei der Erkundung des alten Gemäuers besonders auf herunterfallende Teile des Mauerwerks, denn die Ruine aus dem 13. Jh. ist in einem schlechten Zustand.

PASSING
PLACE

ORTE

TREFFPUNKTE
der Einheimischen

62 THE HIDDEN LANE

1103 Argyle St
Glasgow
G3 8ND
thehiddenlane glasgow.com

In dieser etwas versteckt liegenden Straße ganz in der Nähe der Argyle Street drängen sich eine Menge Ateliers. Die rund hundert farbenfrohen, individuell gestalteten Gebäude gehören einer Gemeinschaft von Künstlern, Designern, Musikern und anderen Kreativen. Hier können Sie nicht nur etwas kaufen, sondern auch Ausstellungen besuchen, an einem Yogakurs teilnehmen oder Musikunterricht nehmen – und ihrer kreativen Ader freien Lauf lassen!

63 ASHTON LANE

West End
Glasgow
G12 85J

In dieser hübschen Kopfsteinpflastergasse stehen die Bars und Restaurants dicht an dicht, Lichterketten verbreiten eine freundliche, gemütliche Atmosphäre. Wenn Sie im berühmten Ubiquitous Chip (Ashton Lane 12) die Treppe bis ganz nach oben steigen, gelangen Sie in den chilligen Biergarten auf der Dachterrasse. Oder Sie gehen hinüber in das Grosvenor Cinema und teilen sich mit Freunden eine Flasche Wein. Bei so vielen coolen Läden auf engstem Raum kann man eigentlich gar nichts falsch machen.

64 **THE MEADOWS**
Melville Drive
Edinburgh
EH9 1ND
themeadowsof
edinburgh.co.uk

Eine der günen Oasen Edinburghs und beliebter Treffpunkt an Sommerabenden, um zu grillen oder Sport zu treiben. Tun Sie es den Einheimischen gleich und schnappen sich eine Decke, ein Bier und etwas zu essen und machen es sich in The Meadows gemütlich.

63 ASHTON LANE

Empfehlenswerte AUSFLUGSZIELE

65 **KNOYDART**
PH41 4PL
Highlands & Inseln
visitknoydart.co.uk

Diese abgelegene Halbinsel vor der Westküste Schottlands ist Gemeinschaftseigentum ihrer etwa 110 Bewohner. Sie ist berühmt für ihre Unzugänglichkeit und nur mit dem Boot oder über einen 25 km langen Umweg erreichbar. Besucher sind herzlich willkommen, die von den Inselbewohnern betriebene Gemeinschaftsunterkunft ist das ganze Jahr über geöffnet. In dem bald frisch renovierten Bürgerhaus gibt es üblicherweise einmal im Monat eine tolle Musikveranstaltung, im Sommer auch öfter. Wer sich unters Volk mischen möchte, geht am besten nicht in den Pub, sondern mittwochs oder freitags in die improvisierte Kneipe nebenan. Hier ist es viel gemütlicher, es gibt ein Lagerfeuer, und Sie lernen etwas vom echten Inselleben kennen. Und wenn Sie Glück haben, macht Kira Pizza!

66 ISLE OF EIGG

PH42 4RP
Highlands & Inseln

Eigg ist ein ganz besonderes Eiland: 1997 kauften es die Bewohner gemeinschaftlich und gründeten den Heritage Trust. Die Insel ist die erste der Welt, die sich fast ausschließlich mit Wind- und Wasserkraft sowie Sonnenenergie versorgt. Unter den 105 Einwohnern sind viele »Originale«, mit denen man sich in der Teestube gut unterhalten kann, und auch das jedes Jahr im Juni stattfindende *céilidh* (eine Tanzveranstaltung) zur Feier der »Unabhängigkeit« sollte man nicht verpassen. Die weißen Sandstrände und der Ausblick – zum Beispiel vom Gipfel des An Sgùrr oder von Laig Beach aus – auf die Inneren Hebriden ist einfach atemberaubend. Ebenso die reiche Natur mit Robben, Ottern, Seevögeln und Wildblumen. Wenn Sie Glück haben, sehen Sie sogar Orcas. Übernachten kann man in den modernen Bothys, buchen Sie aber rechtzeitig. Besonders schön ist die Überfahrt mit der kleinen Sheerwater Ferry von Arisaig aus.

67 KINLOCH HOURN

Invergarry
PH35 4HD
Highlands & Inseln

Kinloch Hourn ist ein fast fjordartiger Meeresarm, neben dem der Ladhar Bheinn (der westlichste Munro des Festlands) aufragt. Um dorthin zu gelangen, fahren Sie beim Loch Garry von der A87 ab und folgen dem einspurigen Sträßchen 35,4 km weit – passen Sie dabei auf, dass Sie bei der schönen Strecke stets die Straße im Auge behalten. Am Ende des Sträßchens gibt es einen Steg, einen Übernachtungsparkplatz und Parkmöglichkeiten für Tagesbesucher. Wer über Nacht bleibt und die Herausforderung nicht scheut, kann von Kinloch Hourn bis Barrisdale Bay und auf die Halbinsel Knoydart laufen.

68 ISLE OF GIGHA

PA41 7AA
Argyll & Bute
+44 (0)1583 505 390
(Heritage Trust)
gigha.org.uk

Die Isle of Gigha ist atemberaubend schön. Auf dieser südlichsten der Hebriden-Inseln, die sich seit 2002 in Gemeinschaftsbesitz ihrer Bewohner befindet, fühlt man sich wie in der Karibik: spektakuläre weiße Sandstrände, klares blaugrünes Wasser … Nehmen Sie Ihre Schnorchelausrüstung mit! Nur Kokosnüsse werden Sie hier keine finden, obwohl in Argyll wegen des Golfstroms sogar Palmen wachsen. Die ersten Siedler auf der Isle of Gigha kamen aus Irland, später wurde die kleine Insel zum Epizentrum interner Konflikte der Wikinger und von Clanfehden. Der norwegische König Hakon IV. gab der Insel ihren Namen, Gudy, was »gute Insel« oder »Gottes Insel« bedeutet. Es gibt jede Menge Rad- und Wanderwege, auf denen Sie das Eiland ohne Auto erkunden können. Besuchen Sie die berühmten Achamore Gardens und das Blowhole, oder genießen Sie einfach an einem der vielen Strände die Aussicht auf Irland, die Isle of Islay und Kintyre. Und vergessen Sie nicht, das Wee-Isles-Eis und die Gigha-Austern im Boathouse zu probieren!

69 **CROVIE VILLAGE**
Banff
AB45 3JQ
Norden

Crovie, ausgesprochen »Crivie«, ist ein zwischen Macduff und Pennan gelegenes Fischerdorf. Es wurde im 18. Jh. gegründet, als die Großgrundbesitzer Bauernfamilien von ihrem Land verjagten, um Platz für ihre Schafe zu schaffen. Den Vertriebenen blieb keine andere Wahl, als auf die Klippen umzusiedeln und vom Meer zu leben. 1953 zerstörte ein schwerer Sturm das Dorf und die Fischerei wurde eingestellt. Das Besondere an dem Ort ist jedoch der Weg dorthin, der zu steil und schmal für Autos ist, sodass die Bewohner alles mit einer Schubkarre transportieren müssen. Crovie ist wirklich einzigartig unter den Fischerdörfern Schottlands – und wenn Sie schon in der Gegend sind, schauen Sie sich auf jeden Fall auch die benachbarten Orte Gardenstown und Pennan an.

70 PENNAN VILLAGE

70 **PENNAN VILLAGE**

Fraserburgh
AB43 6HY
Norden

Etwas weiter östlich von Crovie liegt Pennan, ein winziges Fischerdorf, das viel zu bieten hat. Die farbenfrohen Häuser sind vor allem an trüben Tagen eine Freude, und die denkmalgeschützte rote Telefonzelle, die einen Auftritt in Billy Forsyths Blockbuster *Local Hero* hat, ist perfekt für einen Urlaubsschnappschuss. Und vergessen Sie nicht, im Pennan Inn ein Pint zu trinken.

71 **CARRADALE VILLAGE**

Campbeltown
PA28 6RY
Argyll & Bute

Schönes kleines Küstendorf auf der Halbinsel Kintyre, das man nicht auslassen sollte, wenn man in der Gegend unterwegs ist. Holen Sie sich Gebäck bei Patersons oder ein Eis im Carradale Hotel und fahren Sie dann zur Bucht hinunter, wo man herrlich picknicken kann. Im Network Centre (Besucherinformationszentrum) erfährt man viel Interessantes über Carradales enge Beziehung zum Meer, über die Fischerei und die Touristen, die noch bis zum Zweiten Weltkrieg mit dem Dampfschiff kamen. Die nahe gelegene Saddell Abbey ist ebenfalls sehenswert. Einige der aufwendig gestalteten Grabsteine aus der Zeit um 1300 stammen angeblich von der Hebriden-Insel Iona, einem geistlichen Zentrum Schottlands.

72 FOOTDEE (FITTIE)

Fittie Village
Aberdeen
AB11 5DQ
Nordosten

Footdee – oder Fittie, wie es die Einheimischen nennen – ist ein am Hafen von Aberdeen gelegenes historisches kleines Fischerdorf. 1398 wurde erstmals eine Siedlung an dieser Stelle erwähnt. Das heutige Erscheinungsbild des Dorfes wurde 1809 von dem berühmten Architekten John Brown aus Aberdeen entworfen, um den Fischern bessere Lebensbedingungen zu bieten. Alle Häuser haben einen quadratischen Grundriss und waren ursprünglich alle gleich gestaltet, was dem Ort mit den schmalen Gassen und rechten Winkeln eine einzigartige Atmosphäre verleiht. Ganz im Gegensatz dazu stehen die aus Treibholz gebauten und mit leuchtenden Farben bemalten Schuppen zur Aufbewahrung von Fischfanggeräten, von denen keiner dem anderen gleicht – ein schöner Kontrast zur restlichen, aus Granit errichteten Stadt. Gäste werden in Fittie herzlich empfangen. Besonders schön ist es, auf dem Boulevard ein Eis zu essen und die Welt an sich vorbeiziehen zu lassen. Aber passen Sie dabei auf, denn die Möwen in Aberdeen sind wirklich frech!

73 VICTORIA HARBOUR

Victory Place
Dunbar
EH42 1HS
Die Lothians

Der malerische kleine Hafen von Dunbar war einst ein wichtiges Zentrum der Heringsfischerei und des Walfangs. Gegenüber der Ruine von Dunbar Castle thront eine Befestigungsanlage aus dem 18. Jh., die während des Amerikanischen Unabhängigkeitskriegs große Bekanntheit erlangte. Genießen Sie die Atmosphäre am historischen Pier und schauen Sie den ankommenden, oft mit Krebsen beladenen Schiffen zu.

74 PLOCKTON

74 PLOCKTON

IV52 8TP
Highlands & Inseln
visitplockton.com

Dieses Dorf liegt in einer geschützten Bucht mit malerischem Blick auf den Meeresarm Loch Carron. Die hübsch bemalten Häuschen samt lebhaften Restaurants und Bars sorgen für eine nette Atmosphäre. Doch das war in der Vergangenheit nicht immer so: Nach den Highland Clearances (Vertreibung der Kleinbauern zugunsten der Schafzucht) und dem Ende des Heringsbooms wurde es zwischen 1850 und 1918 als »Dorf der Armen« bezeichnet – zum Glück sind diese Zeiten vorbei. Hier können Sie mit dem Rad, Seekajak, Boot oder einfach zu Fuß auf Erkundungstour gehen. Und zum Übernachten stehen Ihnen über fünfzig Unterkünfte zur Auswahl.

AKTIVITÄTEN

Erstklassige GOLFPLÄTZE

75 **MACHRIHANISH GOLF CLUB**
Golf Club Home
Machrihanish
PA28 6PT
Argyll & Bute
+44 (0)1586 810 213
machgolf.com

Einer der besten schottischen Links-Plätze und berühmt für das anspuchsvolle erste Loch, bei dem man den Ball über den Atlantik spielen muss. Die ondulierten Grüns, üppigen Roughs und die Unvorhersehbarkeit des Links machen Machrihanish auch für Profis zu einer Herausforderung. Toller Blick auf den Strand und die Inseln Islay, Jura und Gigha. Und für alle, die nicht die »große Runde« spielen möchten, gibt es einen Course mit nur neun Löchern, der ebenfalls viel Spaß macht.

76 **CRUDEN BAY GOLF CLUB**
Aulton Road
Cruden Bay
AB42 0NN
Nordosten
+44 (0)1779 812 285
crudenbaygolfclub.co.uk

Cruden Bay gilt als einer der spektakulärsten und schwierigsten Links-Plätze Schottlands. Hier hängt vieles von der Ballposition und der richtigen Einschätzung des Platzes ab. Alle, die ihr Können ein bisschen aufpolieren möchten, sind bei Cheftrainer Murray Patterson von MAPGolf in den besten Händen. So können Sie den Platz mit all seinen Finessen kennenlernen und Ihr Handicap verbessern. Super Infrastruktur, gutes Essen im Clubhaus.

77 **BLAIRGOWRIE GOLF CLUB**

Golf Course Road
Rosemount,
Blairgowrie
PH10 6LS
Nordosten
+44 (0)1250 872 622
theblairgowriegolf club.co.uk

Der Rosemount Course und der Lansdowne Course sind nicht zu verachten, doch der Besuch im Blairgowrie Golf Club lohnt sich vor allem wegen des in einem malerischen Wäldchen mit Kiefern, Birken und Heidekraut angelegten Wee Course. Dieser mag zwar klein (»wee«) sein, unterschätzen sollte man ihn aber nicht, denn die Par-3- und Par-4-Löcher sind wirklich anspruchsvoll.

78 **KILLIN GOLF CLUB**

The Golf House
Killin
FK21 8TX
Loch Lomond & Die Trossachs
+44 (0)1567 820 312
killingolfclub.co.uk

Der wunderschöne kleine Golfplatz mit neun Löchern beim Loch Tay in den Hügeln der Grafschaft Perthshire hat viel Charakter – hier muss man sich mit dem Gelände wirklich gut vertraut machen. Kein traditioneller »Championship Course«, aber dafür besonders pittoresk.

MINI-BRAUEREIEN

79 **FYNE ALES FARM BREWERY**
ACHADUNAN
BUNGALOW
Cairndow
PA26 8BJ
Argyll & Bute
+44 (0)1499 600 120
fyneales.com

Wenn Sie in der Gegend von Argyll unterwegs sind, sollten Sie hier einen Zwischenstopp einlegen. Die Brauerei in einem ehemaligen Kuhstall können Sie bei einer Führung besichtigen (täglich, Dauer 40 Min.). Im zugehörigen Lokal gibt es eine hervorragende Auswahl an Real Ale, Fass- und Flaschenbier sowie eine Menge Brettspiele für Regentage. Die Pies mit auf dem Hof erzeugtem Grain-Fed Beef sollten Sie unbedingt probieren. Und auch das jährlich stattfindende FyneFest mit Musik und Bier ist einen Besuch wert.

80 **TEMPEST BREWING**
TWEEDBANK
INDUSTRIAL ESTATE,
BLOCK 11, UNITS 1 & 2
Galashiels
TD1 3RS
Scottish Borders
+44 (0)1896 759 500
tempestbrewco.com

Die Biere von Tempest Brewing gehören zu den spannendsten und wohlschmeckendsten, die derzeit in Schottland hergestellt werden. Besonders beliebt bei den Gästen sind Drop Kick Me Jesus und Long White Cloud. Die in Galashiels in Scottish Borders beheimatete Brauerei ist ein Muss für alle Craft-Beer-Fans. Führungen 10 £, im Voraus buchen.

81 **71 BREWING**

36–40 Bellfield St
Dundee
DD1 5HZ
Nordosten
+44 (0)1382 203 133
71brewing.com

Diese noch ziemlich neue und sehr interessante Brauerei ist gleichzeitig die erste, die seit über fünfzig Jahren in Dundee gegründet wurde. Die alte Eisenhütte, in der sie untergebracht ist, verkörpert perfekt den Charakter und das Erbe des alten Industriestandorts Dundee, während die modernen Biere für den Aufbruch in eine neue Zeit stehen. Besonders empfehlenswert sind Mandarina Sky und Passion Killer. Führungen kosten 12 £ und können auf der Website gebucht werden (Pint inklusive).

81 71 BREWING

Großartige
GIN-DESTILLERIEN

82 **EDEN MILL**
Main St
Guardbridge,
St Andrews
KY16 0US
Zentralschottland
edenmill.com

Die Destillerie Eden Mill in St Andrews ist für ihren erstklassigen Craft Gin in den farbigen Flaschen berühmt. Wenn Sie in der Gegend unterwegs sind, sollten Sie hier eine Führung mitmachen – und auf keinen Fall die Blendworks Experience im Rusacks Hotel verpassen, bei der Sie lernen, Gin nach Ihrem eigenen Rezept herzustellen.

83 **PERSIE GIN DISTILLERY**
Glenshee Road, A93
Bridge of Cally
PH10 7LQ
Nordosten
+44 (0)1250 886 798
persiedistillery.com

Diese Destillerie in den malerischen Hügeln von Glenshee hat drei klassische Gins im Angebot: einen kräftigen, einen kräuterlastigen und einen süß-nussigen. Alle drei Geschmacksrichtungen werden in kleinen Mengen im ehemaligen Persie Hotel in Bridge of Cally hergestellt, wo Ihnen die netten Mitarbeiter gerne etwas über ihren Gin erzählen. Führungen und Verkostungen unbedingt im Voraus buchen.

84 BEINN AN TUIRC DISTILLERY / KINTYRE GIN

TORRISDALE CASTLE ESTATE

Carradale,
Campbeltown
PA28 6QT
Argyll & Bute
+44 (0)1583 431 528
kintyregin.com

Die Beinn an Tuirc Distillery ist im malerischen Torrisdale Castle Estate an der Ostküste der Halbinsel Kintyre beheimatet. Für den Kintyre Gin werden für diese einmalige bewaldete Küstengegend typische Zutaten verwendet, und bei der Herstellung kommen ausschließlich erneuerbare Energien zum Einsatz. Führungen unbedingt im Voraus buchen. Fahrer bekommen ein Fläschchen zum Mitnehmen. Alle anderen dürfen gleich an Ort und Stelle in wunderschöner Umgebung einen Gin Tonic genießen.

Ausgewählte
WHISKY-DESTILLERIEN

85 **SPRINGBANK DISTILLERY**
9 Bolgam St
Campbeltown
PA28 6HZ
Argyll & Bute
+44 (0)1586 552 009
springbank.scot

Campbeltown war mit seinen über dreißig Brennereien einst als Whisky-Hauptstadt der Welt bekannt, heute sind nur noch drei übrig. Eine davon ist die von der Familie Mitchell in der fünften Generation betriebene Springbank Distillery, die älteste unabhängige Destillerie Schottlands und die einzige, deren Produktion zu hundert Prozent im eigenen Betrieb stattfindet (in einem Gebäude von 1828), sowie eine der wenigen, die noch über einen traditionellen Mälzboden verfügen. Sehr empfehlenswert ist die Führung inklusive Kostprobe und einer Miniaturflasche zum Mitnehmen (7 £).

86 **EDRADOUR DISTILLERY**
Pitlochry
PH16 5JP
Highlands & Inseln
+44 (0)1796 472 095
edradour.com

Die Edradour Distillery wurde offiziell 1825 von einigen Bauern als Kooperative gegründet, war zuvor aber vermutlich schon länger als Schwarzbrennerei in Betrieb. In dieser kleinsten Destillerie Schottlands – gleichzeitig eine der charmantesten – wird auch heute noch vieles von Hand und in kleinen Mengen hergestellt. Der Betrieb war zwischenzeitlich in Besitz internationaler Konzerne und sogar der New Yorker Mafia, heute ist er wieder in schottischer Hand. Seine wechselvolle Geschichte bietet viel Stoff für interessante Führungen!

86 **EDRADOUR DISTILLERY**

87 BALVENIE DISTILLERY

Dufftown
AB55 4BB
Norden
+44 (0)1340 822 210
thebalvenie.com

In Dufftown werden die traditionellen Handwerkskünste in Ehren gehalten, und da macht die Balvenie Distillery keine Ausnahme. Der 1892 gegründete Betrieb bewirtschaftet nach wie vor seine eigenen Gerstenfelder direkt neben der Brennerei. Und auch die Weiterverarbeitung des Getreides erfolgt auf althergebrachte Weise mithilfe eines traditionellen Mälzbodens, kupferner Brennblasen, einer Böttcherei und eines Malzmeisters. Die einzelnen Arbeitsschritte werden bei einer Führung im kleinen Kreis (höchstens acht Teilnehmer) erläutert. Der in einem alten Rumfass gereifte Caribbean Cask ist besonders empfehlenswert.

88 ABERLOUR DISTILLERY

A95, Banffshire
Aberlour
AB38 9PJ
Norden
+44 (0)1340 881 249
maltwhisky distilleries.com/ aberlour

Kleine, sympathische Destillerie an Schottlands Malt Whisky Trail, wo sich die meisten Whisky-Brennereien auf einem Fleck weltweit befinden. Für den hochwertigen Whisky wird das gute Quellwasser der Gegend, der berühmten, nach dem Fluss Spey benannten Region Speyside, verwendet. Führungen von erfahrenen Mitarbeitern – informieren Sie sich aber rechtzeitig vorab, denn von Ende Juli bis Anfang August steht die Produktion still.

89 STRATHISLA DISTILLERY

Seafield Avenue
Keith
AB55 5BS
Norden
+44 (0)1542 783 044
chivas.com

Älteste noch betriebene Destillerie der Highlands. Gepflegte Anlagen, malerische Gebäude, schicke Räume für die Verkostung sowie Führungen sowohl für Neulinge als auch für Connaisseurs. Ein Highlight ist die Chivas Blending Experience, bei der man einige ganz besondere Whiskys probieren und seinen eigenen Blend mischen (und natürlich mitnehmen) darf.

Spannende Ziele für ABENTEUERLUSTIGE

90 **ISLE OF MAY**
BOOT UND TICKETS:
Anstruther
Pleasure Cruises
Middle Pier
Anstruther
KY10 3AB
Zentralschottland
+44 (0)7957 585 200
isleofmayferry.com

Die unter Naturschutz stehende Insel im Firth of Forth ist ein ideales Revier, um Papageientaucher oder auch Kegelrobben zu beobachten. Empfehlenswert ist ein Bootsausflug mit Anstruther Pleasure Cruises, der etwa viereinhalb bis fünf Stunden dauert, wobei Ihnen mindestens zweieinhalb Stunden für die Erkundung der Insel bleiben. Im Mai und Juni brüten die Seevögel, wer Papageientaucher sehen möchte, sollte gegen Abend vorbeischauen, da sie tagsüber auf Fischfang sind. Bei den Parkwächtern von der für die Insel verantwortlichen Institution Scottish Natural Heritage können Sie sich über die dortige Tierwelt informieren.

91 **LOCH INSH OUTDOOR CENTRE**
Kingussie
PH21 1NU
Highlands & Inseln
+44 (0)1540 651 272
lochinsh.com

Seit mittlerweile über fünfzig Jahren bietet die Familie Freshwater im Loch Insh Outdoor Centre Aktivitäten wie Segeln, Mountainbiken, Windsurfen, Bogenschießen oder Kajakfahren für jedes Leistungsniveau (inkl. Unterricht) an. Perfekt für Familien mit Kindern. An schönen Tagen setzt man sich am besten mit einem Eis oder Bier oder gleich zum Mittagessen auf der Terrasse des Restaurants in die Sonne. Übernachtungsmöglichkeiten.

90 ISLE OF MAY

92 GILMERTON COVE

16 Drum St
Edinburgh
EH17 8QH
gilmertoncove.org.uk

Die Gilmerton Cove genannten unterirdischen Gänge und Kammern im Süden von Edinburgh sind seit Jahrhunderten ein Mysterium. Es gibt insgesamt sieben verschiedene Räume, die alle von Hand in den Fels geschlagen wurden, außerdem einen Brunnen, eine Feuerstelle und eine Schmiede. Obwohl Archäologen und Historiker Gilmerton Cove erforscht haben, bleibt der Zweck der künstlichen Höhlen unklar. Manche halten sie für eine illegale Spelunke, andere glauben, dass sich dort Hexen versteckt hielten. Nur mit Führung zu besichtigen.

93 CALUM'S SEAL TRIPS

32 Harbour St
Plockton
IV52 8TN
Highlands & Inseln
+44 (0)1599 544 306
calums-sealtrips.com

Mit Calum's Seal Trips können Sie das Meer vor der schottischen Westküste erkunden. Calum, Jane und ihre Crew bieten schon seit über dreißig Jahren Bootsausflüge an und kennen die Küste rund um Plockton wie ihre Westentasche. Sie können nicht garantieren, dass Sie auch wirklich Robben zu Gesicht bekommen werden – doch sollten Sie tatsächlich keine sehen, müssen Sie auch nichts bezahlen. Wer es etwas ausgefallener mag, fährt bei einer der Music Cruises mit traditioneller schottischer Musik mit. Leinen los!

93 CALUM'S SEAL TRIPS

ABENTEUER

Abenteuer mit dem
MOUNTAINBIKE

94 **GLENLIVET MOUNTAIN BIKE TRAIL CENTRE**
Kirkmichael
Tomintoul
AB37 9AR
Highlands & Inseln
+44 (0)1479 870 070
glenlivetestate.co.uk

Dieses exzellente Trailcenter im Zentrum des etwa zehn Minuten von Tomintoul entfernten Glenlivet Estate hat für jeden – auch für Kinder – etwas im Angebot. Der blaue Trail macht Spaß und ist für Anfänger geeignet, der rote ist etwas anspruchsvoller und anstrengender, daher auch etwas für Fortgeschrittene. Diese beiden Singletrails führen zu tollen Aussichtspunkten mit Blick über das Tal. Im Café mit schönem Außenbereich (informieren Sie sich am besten vorher über die Öffnungszeiten) kann man sich nach dem Mountainbiken eine Pause gönnen, auf dem Pumptrack üben oder sich mit Freunden messen. Die Parkgebühren werden übrigens für die Instandhaltung der Trails verwendet.

95 **MORAY MONSTER TRAILS**
Fochabers
IV32 7PG
Norden
+44 (0)300 067 6200
forestryandland.gov.scot/visit/moray-monster-trails

Großartiges, leider oft übersehenes Trailcenter. Von den einfacheren blauen Trails, die in Ordiequish starten, bis hin zum technisch anspruchsvollen schwarzen Flowtrail des Gully Monster ist für alle Leistungsniveaus etwas dabei. Neues Übungsgelände, auf dem Sie beim Trainieren Ihrer Skills die Kinder im Auge behalten können. Keine Toiletten, kein Café, Parkplätze ganzjährig geöffnet.

96 **GLENTRESS MOUNTAIN BIKE TRAIL CENTRE**

Peebles
EH45 8NB
Scottish Borders
+44 (0)300 067 6900
scotland.forestry.gov.uk

Eines von Schottlands Vorzeige-Trailcentern, besonders für Gruppen mit unterschiedlichen Leistungsniveaus geeignet. Jede Menge kurzweilige blaue Loops und Skills Loops, auf denen Neulinge Sicherheit gewinnen und Profis üben können. Im Tweed Valley gab es schon einige internationale Events, und viele der Singletrails sind von Weltrang. Gute Infrastruktur, hier können Sie auch einen ganzen Tag verbringen: Im modernen Besucherzentrum gibt es guten Kaffee, Toiletten und einen Alpine-Bike-Laden mit Werkstatt und Verleih. Zum Angebot gehören außerdem Radwäsche und Duschen (bis 18 Uhr).

96 GLENTRESS MOUNTAIN BIKE TRAIL CENTRE

97 COMRIE CROFT

Braincroft, Crieff
PH7 4JZ
Zentralschottland
+44 (0)1764 670 140
comriecroft.com

Comrie Croft hat eine Menge zu bieten: technisch anspruchsvolle Abstiege über den Fels, Flowtrails, Dual Slaloms (die machen so richtig Spaß!) und dazu großartige Aussichten auf die Landschaft – ideal, um einen schönen Tag zu verbringen. Vor Ort gibt es einen Fahrradladen und -verleih, eine Werkstatt und im Sommer Kurse für Kinder.
Im Tea Garden mit schönem Außenbereich bekommen Sie guten Kaffee, Kuchen und frisch zubereitete kleine Mahlzeiten. Für gemächliche Familienausflüge führt ein Radwegenetz Richtung St Fillans.

Malerische Wege entlang der KÜSTE

98 **SANDWOOD BAY**
Lairg
IV27 4RU
Highlands & Inseln

In der malerischen, weitläufigen Sandwood Bay an der Nordwestspitze Schottlands findet man einen der schönsten Strände des Landes. Sie müssen sich allerdings ein bisschen anstrengen, um zu der Bucht mit dem rötlichen Sand zu gelangen, denn dorthin kommen Sie nur über einen 7,25 km langen, ebenen Fußweg, der durch Weide- und Ackerland und an ein paar Lochs vorbei führt. Planen Sie also genug Zeit ein. Am Strand angekommen, können Sie die dramatisch aufragenden Klippen der Küste und an klaren Tagen den Leuchtturm von Cape Wrath bewundern. Vor allem sollten Sie aber auch nach dem Am Buachaille Ausschau halten, einer riesigen, aus dem Meer aufragenden Felsnadel aus rötlichem Sandstein, deren gälischer Name »Schafhirte« bedeutet. Parken Sie am besten in Blairmore, wo der Weg seinen Anfang nimmt. Wildromantische, typisch schottische Landschaft.

99 SANDEND BEACH

Sandend, Banff
AB45 2UB
Norden

Sandend an der Küste des Moray Firth zwischen Portsoy und Cullen ist ein typisches kleines Fischerdorf. Die ältesten der hübschen, am Ufer zusammengedrängten Cottages stammen aus dem 17. Jh. Der Strand ist ideal zum Schwimmen, oder um den Hund auszuführen – oder um Surfen zu lernen, zum Beispiel in der SUDS-Surfschule. Wenn Sie dem Weg vom Strand aus nach Osten folgen, gelangen Sie zu »Cup and Saucer«, wie die Einheimischen die Ruine einer über einem alten Grabhügel errichteten Windmühle aus dem 18. Jh. nennen. Nebenan befindet sich die Glenglassaugh Distillery. Wenige Einkaufsmöglichkeiten, bringen Sie am besten ein Picknick mit, oder decken Sie sich bei J Smith Fish Merchants mit Schellfisch ein.

100 RUBY BAY

Elie
Leven, Fife
KY9 1BS
Zentralschottland

Ruby Bay am Fife Coastal Path hat einen fantastischen Sandstrand mit wunderbarem Blick auf den Firth of Forth. Der Name Ruby Bay stammt von einer bestimmten Sorte von Granat, die man hier ab und zu findet. Sehenswert ist die Ruine des Lady's Tower, der in den 1770er-Jahren als »Umkleide« für Lady Janet Anstruther errichtet wurde. Wann immer sie schwimmen gehen wollte, läutete ein Bediensteter die Turmglocke, damit die Bewohner von Elie sich von der Bucht fernhielten. Die rücksichtslose Dame ließ zugunsten einer schöneren Aussicht für ihr Haus eine ganze Siedlung versetzen – woraufhin sie und ihre Familie von einem Fluch heimgesucht wurden. Mit dem Auto von Wadeslea Road aus erreichbar, zu Fuß sind es etwa zwanzig Minuten von Elie aus. Toiletten vorhanden.

101 DIABAIG COASTAL CIRCUIT

STARTPUNKT:
Lower Diabaig
IV22 2HE
Highlands & Inseln

Etwas anspruchsvollerer Küstenwanderweg mit tollen Ausblicken auf einige der schönsten Lochs und Berge des Nordwestens. Bei einer kompletten Runde muss man circa 12,5 km und 700 Höhenmeter bewältigen und ist insgesamt etwa fünf bis sechs Stunden unterwegs. Stellenweise führt der Weg durch morastiges Gelände. Empfehlenswert ist die OS Explorer Map (433) Torridon – Beinn Eighe & Liathach. Gehen Sie von dem kleinen Parkplatz am Pier weiter bis zum Ende der Straße und durch das Tor des Cadhanahearba Cottage, wenden Sie sich dann sofort nach links, dort geht es durch ein zweites Tor weiter zu einer kleinen Scheune. Folgen Sie der Rechtskurve des Wegs zu einem Felsen, auf dem das Wörtchen »path« (Pfad) steht. Hier beginnt das Abenteuer!

101 DIABAIG COASTAL CIRCUIT

Verwunschene WÄLDER

102 **CULBIN FOREST**
Kintessack
IV36 2TG
Norden

Dieser Wald wird schon in Quellen des 13. Jh. erwähnt. 1921 kaufte ihn die Forestry Commission, die Großbritanniens Wälder nach dem Ersten Weltkrieg wieder aufforsten ließ. An der Küste sind noch heute senkrecht aufragende Holzpfähle sichtbar, die die Landung feindlicher Gleitflugzeuge verhindern sollten. Der Wald erstreckt sich über 17,3 km entlang der Küste. Nehmen Sie eine Karte mit, und achten Sie sorgfältig darauf, auf dem richtigen Weg zu bleiben, denn hier verirrt man sich schnell. Zwei Parkplätze, von denen hauptsächlich der in Wellhill genutzt wird (dort gibt es auch Toiletten). Der Wanderweg »Hill 99 Trail« führt zu einem Aussichtsturm mit Panoramablick auf die umgebenden Wälder und den Moray Firth. Auf dem Rückweg sollten Sie unbedingt beim Wellhill-Hofladen Station machen. Hier gibt es frische Eier aus dem Automaten.

103 THE HERMITAGE

Old Military Road
Dunkeld
PH8 OJR
Highlands & Inseln
+44 (0)1350 728 641
nts.org.uk

Perthshire ist als »Land der großen Bäume« bekannt. Die hiesigen Douglasien gehören tatsächlich zu den höchsten Bäumen Großbritanniens und lassen The Hermitage wie einen Zauberwald wirken – vor allem im Herbst. Den River Braan (der Name bedeutet »tosender Fluss«) hören Sie schon von Weitem. Sein Wasser rauscht in den Black Linn Falls in die Tiefe, was sich am besten von Ossian's Hall beobachten lässt. Dieses verrückte Gebäude wurde 1757 vom Duke of Atholl errichtet, um Gäste zu beeindrucken, aber dann aus Protest gegen Brückenzölle zerstört. Der heutige Bau stammt von 1951. Im Sommer und Herbst können Sie hier Lachse bei ihrer Wanderung beobachten. Ideal für eine Pause auf der Fahrt über die A9. Parkgebühr 2 £.

103 THE HERMITAGE

104 KILLIECRANKIE

Pitlochry
PH16 5LG
Highlands & Inseln
nts.org.uk

Killiecrankie hat nicht nur beeindruckende Natur zu bieten, sondern ist auch ein geschichtsträchtiger Ort. Hier brachten die von dem berühmt-berüchtigten Bonnie Dundee angeführten Jakobiten den Regierungstruppen 1689 eine empfindliche Niederlage bei. Ein englischer Soldat sprang bei seiner verzweifelten Flucht über die 5,50 m breite Klamm, weswegen dieser Ort heute den Namen »Soldier's Leap« trägt. Von der Garry Bridge etwas weiter flussaufwärts hat man ebenfalls einen tollen Blick auf das bewaldete Tal, das aufgrund seines alten Baumbestands, seiner Flora und Fauna als Site of Specific Scientific Interest (eine Sonderform des Naturschutzgebiets) ausgewiesen wurde. Parken Sie am besten beim Besucherzentrum, nehmen sich dort eine Wanderkarte mit und folgen Sie den gut beschilderten Wegen.

105 ARDBLAIR TRAIL/ BLUEBELL WOODS

61 Smithfield Cres
Blairgowrie
PH10 6UE
Nordosten
pkct.org/blairgowrie-walks

Im Frühjahr blühen hier überall die entzückenden Hasenglöckchen. Für den 9,5 km langen Rundweg, der durch Wälder und Wiesen und an zwei Lochs vorbei führt, sollten Sie zwischen zwei und zweieinhalb Stunden einplanen. Vom Startpunkt an der Perth Road aus folgen Sie dem Ardblair Trail durch den gleichnamigen Wald und weiter zum Darroch Wood (*darroch* ist gälisch für »Eiche«). Laden Sie sich am besten auf der Website des Perth & Kinross Countryside Trust eine Karte herunter, da die Touristeninformation geschlossen wurde. Und bleiben Sie bitte unbedingt auf den Wegen, damit Sie die hübschen Blümchen nicht zertreten.

106 **EAS MOR UND LOCH GARBAD**

STARTPUNKT: GEGENÜBER CHURCH BRAE

Kildonan,
Isle of Arran
KA27 8SG
Argyll & Bute
scotland.forestry.gov.uk

Der idyllische Eas-Mor-Waldweg zum Loch Garbad führt an einem beeindruckenden Wasserfall vorbei. Stellen Sie Ihr Auto am besten auf dem Wanderparkplatz an der Abzweigung der Straße nach Kildonan von der A841 ab. Anfangs ist der Weg eben und führt zu einem Wald mit einer steilen Schlucht. Im weiteren Verlauf geht es immer weiter aufwärts, wo Sie von verschiedenen Aussichtspunkten aus die beeindruckende Landschaft und den Wasserfall Eas Mor bestaunen können. Am Loch Garbad können Sie sich dann ausruhen. Hier befindet sich auch die sogenannte Eco Library: eine Hütte mit Torfdach, in der frühere Besucher Bücher und Zeichnungen zurückgelassen haben. Der Weg ist etwa 5,6 km lang, und Sie sollten circa zwei Stunden dafür einplanen.

107 **GLENMORE FOREST PARK**

Rothiemurchus,
Aviemore
PH22 1QU
Highlands & Inseln
forestryand land.gov.scot

Im Glenmore Forest gibt es viel zu entdecken: den uralten kaledonischen Wald mit seinen Waldkiefern, den zauberhaft schönen kleinen See Green Lochan (Lochan Uaine), den Ryvoan Pass und den bei Besuchern sehr beliebten Loch Morlich. Und über allem thronen die Gipfel der Cairngorm-Gebirgskette. Hier können Sie geschützte Tierarten wie Auerhuhn, Baummarder, Europäisches Eichhörnchen, Kreuzschnabel, Rentier, Steinadler und – mit viel Glück – den seltenen Fischadler beobachten. Die unberührte Natur und Artenvielfalt des Glenmore Forest Park – eine der schönsten Gegenden Schottlands – sind streng geschützt, damit sie auch künftigen Generationen erhalten bleiben.

108 ANGUS GLENS – CORRIE FEE
Glen Clova,
Kirriemuir
DD8 4RD
Nordosten
+44 (0)1575 550 233
(Rangerzentrum)
visitangus.com/glen-doll-ranger-centre

Über Jahrtausende hinweg wurde das Corrie-Fee-Tal von den Gletschern der Eiszeit zu einem beeindruckenden Kar geformt. Das gälische Wort für Kar, *corrie*, bedeutet »Kessel«, was die kühne Beckenform dieses Tals gut beschreibt. Hier finden Sie seltene Flora und Fauna des Hochgebirges, zum Beispiel den Alpen-Milchlattich, weswegen das Areal zum National Nature Reserve und Site of Specific Scientific Interest (eine Sonderform des Naturschutzgebiets) erklärt wurde. Parken Sie am besten auf dem Glen-Doll-Parkplatz und planen Sie etwa zweieinhalb Stunden für den 7,5 km langen, gut ausgeschilderten Wanderweg ein. Informationen (und Toiletten) gibt es im Rangerzentrum.

108 ANGUS GLENS – CORRIE FEE

109 **BEN LAWERS NATIONAL NATURE RESERVE**
PARKPLATZ: AN DER A827 NÖRDLICH DES LOCH TAY
Killin
FK21 8TY
Loch Lomond & Die Trossachs
+44 (0)1567 820 988 (Rangerzentrum)
nts.org.uk

Schöne Alternative zum von Touristen ziemlich überlaufenen Ben Nevis. Mit 1214 m Höhe ist der Ben Lawers der zehnthöchste Munro (»hoher Berg«) Schottlands und außerdem ein herrlicher Ort, um den Alltag hinter sich zu lassen, die Natur zu genießen und Wildtiere wie Hirsche, Schnee- und Birkhühner zu beobachten. Sie müssen nicht bis zum Gipfel aufsteigen, denn es gibt auch in den unteren Regionen des Berges gut ausgeschilderte Wanderwege. Wer sich der Herausforderung aber stellen will, sollte mindestens sechs Stunden dafür einplanen. Oben erwartet Sie eine atemberaubende Aussicht auf den Loch Tay, Glencoe und die Cairngorms. Der National Trust bietet regelmäßig geführte Wanderungen an, bei denen auch weniger geübte Wanderer die Gegend erkunden können (Details auf der Website). Die schottischen Berge können unbarmherzig sein, gehen Sie also selbst an schönen Tagen nicht ohne die richtige Ausrüstung los. Parkgebühr 2 £.

110 **PUCK'S GLEN**
1,6 KM SÜDLICH DES BENMORE BOTANIC GARDEN
Benmore
PA23 8QT
Argyll & Bute
+44 (0)300 067 6600
forestryandland.gov.scot

Der Rundweg durch Puck's Glen, eine wunderschöne, steile und schmale Schlucht, führt Sie durch dichten, moosbewachsenen Wald und an vielen kleinen Wasserfällen vorbei. In der Klamm ist es ziemlich dunkel, was die wildromantische Atmosphäre dieses keltischen Urwalds noch verstärkt. Schottischen Sagen zufolge leben hier Naturgeister wie der sanfte Ghillie Dhu, der die Bäume bewacht. Passen Sie auf, dass Sie nicht auf den nassen Steinen ausrutschen.

109 BEN LAWERS NATIONAL NATURE RESERVE

111 COIRE FHIONN LOCHAN

North Ayrshire,
Isle of Arran
KA27 8HP
Argyll & Bute

Coire Fhionn ist ein wunderschöner Lochan (ein kleiner Loch) auf etwa 350 m Höhe über dem Meeresspiegel in den Bergen. Er wurde von Gletschereis ausgehöhlt und wird nun von Gebirgsbächen mit klarem, torfhaltigem Wasser gespeist. Der kleine weiße Kiesstrand ist perfekt für ein Picknick, oder um sein Handtuch hier auszubreiten, während man in die Fluten steigt. Sie sollten für den etwa 5,6 km langen Wanderweg ein paar Stunden einplanen. Die Aussicht auf den Mull of Kintyre auf dem Weg nach oben ist wunderschön. Parken Sie in dem Örtchen Thundergay und folgen Sie den Schildern.

112 CRAIGELLACHIE, AUSSICHTSPUNKT

CRAIGELLACHIE NATIONAL NATURE RESERVE
Aviemore
PH22 1PR
Highlands & Inseln
nature.scot

Startpunkt ist die YMCA-Jugendherberge im Süden von Aviemore. Von dort aus gehen Sie durch den Tunnel unter der A9 hindurch und folgen dann der gut ausgeschilderten Route hinauf zum Gipfel. Der Weg führt durch ein Naturschutzgebiet mit Birkenwald und einem malerischen Loch. Vom Steinmännchen auf dem Gipfel aus haben Sie einen fantastischen Panoramablick auf die Cairngorm-Gebirgskette und das Spey-Tal. Ein Stück weiter befindet sich ein zweiter Steinhaufen, dort ist die Aussicht nach Westen besser, und man kann sogar einen weiteren kleinen Lochan erspähen. Nehmen Sie den gleichen Weg zurück nach unten und belohnen Sie sich anschließend mit einem Bier im Old Bridge Inn. Für eine gemütliche Wanderung planen Sie etwa drei Stunden ein.

113 URIE LOCH

Isle of Arran
KA27 8NU
Argyll & Bute

Der Urie Loch ist ein abgelegener Bergsee auf einer 425 m hohen, mit Heidekraut bewachsenen Erhebung unterhalb des Tighvein. Der Weg dorthin ist kurz und steil, aber am Ende werden Sie mit einem fantastischen Blick über die Lamlash Bay für die Anstrengung belohnt. Und, falls Sie sich über die kleine grasbewachsene Insel in der Mitte des Urie Loch wundern: Sie ist menschengemacht und soll Sterntaucher zum Nisten anregen. Parken Sie auf dem Dyemill-Parkplatz etwa 1,5 km außerhalb von Lamlash, den Sie erreichen, indem Sie, von Lamlash kommend, an der Monamore Bridge rechts Richtung Kilmory abbiegen.

114 LOCH CORUISK

ANREISE MIT DEM BOOT:
Bella Jane Boat Trips
Elgol, Isle of Skye
IV49 9BJ
Highlands & Inseln
+44 (0)1471 866 244
bellajane.co.uk

Der Loch Coruisk liegt in einem natürlichen Amphitheater in einer abgelegenen Gegend mitten in den prächtigen Black Cuillin Hills. Die großen Brocken aus dunklem Vulkangestein sorgen für eine einzigartige, dramatische Atmosphäre. Zum Loch Coruisk gelangt man am besten von Elgol aus mit dem Boot (mehrere Anbieter, z. B. Bella Jane Boat Trips) und kann dabei während der Fahrt ganz nebenbei eine einzigartige schottische Landschaft bewundern. Sonst ist er nur mit einem längeren Fußmarsch von Sligachan oder Kilmarie aus erreichbar, für den Sie allerdings Bergsteigerkenntnisse, Vorbereitung und die richtige Ausrüstung benötigen, um auch über den »Bad Step«, eine steil abfallende Felsplatte, heil ans Ziel zu gelangen. Auch wenn Sie mit dem Boot fahren, brauchen Sie gutes Schuhwerk, es kann rutschig werden!

114 LOCH CORUISK

135 **NEIST POINT – ISLE OF SKYE**

LANDSCHAFTEN

Malerische **STRÄNDE**

115 **WESTPORT BEACH**
A83
Westport,
Campbeltown
PA28 6QD
Argyll & Bute

Dieser fantastische Strand auf der Halbinsel Kintyre zieht sich über fast 10 km bis nach Machrihanish. Seine berühmten Dünen stehen wegen ihrer Artenvielfalt als Site of Specific Scientific Interest (SSSI) unter Naturschutz. Der Atlantik ist bei Surfern sehr beliebt, Schwimmer sollten allerdings äußerst vorsichtig sein, denn Westport ist bekannt für seine starken Unterströmungen – beobachten Sie das Meer also genau. Großartig für lange Spaziergänge oder zum Sonnenbaden. Ein Riesenspaß sind die Gezeitentümpel voller kleiner Fische und Krabben. Parkplatz 8 km nördlich von Campbeltown.

116 **MELLON UDRIGLE BEACH**
Mellon Udrigle,
Isle of Skye
IV22 2NT
Highlands & Inseln

Eine kurvenreiche, einspurige Straße führt zum Strand von Mellon Udrigle. Parken Sie nur auf dem ausgewiesenen Parkplatz, und wer hier übernachten möchte, sollte dies auf dem Campingplatz nebenan tun. Auf einem befestigten Fußweg geht es zum Camas a'Charaig Beach mit dem berühmten silbernen Sand, von dem aus man einen unvergleichlichen Blick über das Meer auf die Highlands mit dem Assynt, Coigach und den Berg Suilven hat. Diesen weithin als schönstes Fleckchen Erde in Wester Ross berühmten Strand sollte man sich nicht entgehen lassen.

116 MELLON UDRIGLE BEACH

117 ISLE OF VATERSAY

Isle of Barra
HS9 5YW
Highlands & Inseln

Die nur circa 5 km² große Isle of Vatersay mit ihren traumhaften weißen Sandstränden liegt südlich der Insel Barra, mit der sie durch einen Damm verbunden ist. Ein Obelisk an der West Bay erinnert an den Untergang des Schiffs *Annie Jane* im Jahre 1853, Wrackteile an ein Wasserflugzeug vom Typ Catalina, das hier im Zweiten Weltkrieg abstürzte. Auf dieser fantastisch schönen Insel gibt es eine Menge zu entdecken!

118 OSTEL BAY / KILBRIDE BAY

Tighnabruaich
PA21 2AH
Argyll & Bute

Vom weißen Sandstrand in der Bucht von Ostel bzw. Kilbride hat man einen fantastischen Blick auf den Loch Fyne und die Inseln Inchmarnock und Arran. Für diesen traumhaften Ort sollten Sie ein bisschen Zeit einplanen, vor allem an sonnigen Tagen, denn hier kann man auch wunderbar schwimmen. Kaum Einkaufsmöglichkeiten, also am besten den Picknickkorb einpacken.

120 ACHMELVICH BAY

119 BOSTA BEACH

Great Bernera,
Isle of Lewis
HS2 9LT
Highlands & Inseln

Bosta Beach ist nur einer der vielen außergewöhnlich schönen Strände der Äußeren Hebriden. Der weiße Sand und das türkisfarbene Wasser werden gerne mit tropischen Gefilden verglichen. Ziemlich einzigartig, aber in dieser Ecke der Welt gar nicht so ungewöhnlich! Der Strand liegt auf der Insel Great Bernera, die über eine Brücke mit Lewis verbunden ist. 1992 legte ein schwerer Sturm auf Great Bernera eine Siedlung aus der Eisenzeit frei. Bei der folgenden Ausgrabung entdeckte man, dass alle Häuser durch einen unterirdischen Tunnel verbunden waren. Die Siedlung ist heute zu ihrem Schutz wieder mit Sand bedeckt, Sie können aber ein rekonstruiertes Haus besichtigen. Hinter dem Strand liegen die Ruinen des Ortes Bostaidh, der vor 200 Jahren den Highland Clearances zum Opfer fiel. Vor der Küste sehen Sie eine der insgesamt zwölf *Time and Tide*-Glocken des Bildhauers Marcus Vergette, die bei Flut durch Wellenbewegungen zum Klingen gebracht werden. Sie sollen uns an die Bedrohung durch den Klimawandel und die immer höher steigende Flutgrenze erinnern.

120 ACHMELVICH BAY

Lairg
IV27 4JB
Highlands & Inseln

Fantastischer weißer Sandstrand an der Westküste mit wundervollem Panoramablick auf die Felslandschaft und den markanten Gipfel des Suilven. Im Sommer ist es hier wegen des nahe gelegenen Campingplatzes ziemlich überlaufen, kommen Sie lieber an einem sonnigen, klaren Wintertag. Achtung: Hunde sind während der Hochsaison am Strand nicht erlaubt.

122 **BOW FIDDLE ROCK**

121 SILVER SANDS OF MORAR

Morar
PH40 4PA
Highlands & Inseln

Die Silver Sands of Morar, ein malerischer Küstenstreifen an der Mündung des Morar, dessen Sand im Sonnenschein silbern schimmert, erstreckt sich von Morar bis Arisaig. Von zahlreichen Aussichtspunkten entlang der Küstenstraße können Sie einen spektakulären Blick auf die am Horizont aus dem türkisen Wasser aufragende Inselgruppe der Small Isles genießen. Der größte Parkplatz befindet sich in Camusdarach, direkt bei den Dünen. Übrigens: Bitte nicht in den Dünen campen, damit der empfindliche Strandhafer geschont wird.

122 BOW FIDDLE ROCK

Portknockie
AB56 4JN
Norden

Bow Fiddle Rock ist ein Instagram-Star! Der malerische Fels wartet förmlich darauf, fotografiert, gemalt, gezeichnet oder einfach nur bewundert zu werden. Die Form des Felsbogens aus Quarzit erinnert an die Spitze des namengebenden Geigenbogens. Dieses faszinierende Naturwunder ist auf jeden Fall einen Besuch wert.

Dramatische **LOCHS**

123 LOCH MORAR

Morar
PH40 4PB
Highlands & Inseln

Der Loch Morar wurde während der Eiszeit vor über 10 000 Jahren von Gletschern geformt und ist mit bis zu 310 m der tiefste Süßwasser-Loch der Britischen Inseln. Er ist außerdem etwa 19 km lang, 1,6 km breit und der Oberfläche nach Schottlands fünftgrößter Loch – und einer der schönsten. Um den See herum entfaltet sich ein herrliches Panorama, und die Wanderwege gehören zu den besten der Gegend. Drei Strecken sind ausgeschildert: von Glasnacardoch zum Loch an Nostarie und Loch Eireagoraidh, von Bracorina nach Tarbet und von Allt an Loin zum Loch a Bhada Dharaich. Nehmen Sie eine Wanderkarte mit und planen Sie ausreichend Zeit ein. Auf dem Loch Morar sieht man viele Boote mit Fliegenfischern auf der Jagd nach Forellen. Zum Angeln brauchen Sie hier einen Erlaubnisschein, dafür wird ein sogenannter Ghillie-Service angeboten. Der *ghillie* – gälisch für einen Diener bzw. Begleiter beim Fischen oder auf der Jagd – hilft Ihnen beim Besorgen der Erlaubnis und gibt Ihnen Tipps zum Angeln, die Sie unbedingt beherzigen sollten.

124 LOCH TORRIDON

Torridon
IV22 2EY
Highlands & Inseln

Der Loch Torridon hat auf seinen 24 km Länge eine unglaublich malerische Landschaft mit ein paar Ansiedlungen zu bieten – die Gegend gehört zu den schönsten in ganz Schottland. Dieser *sea loch*, eine schmale, von großartigen Munros umschlossene Meeresbucht, ist ein Mekka für Seekajakfahrer, Bergsteiger und Mountainbiker. Die Sandsteinfelsen locken außerdem viele Kletterer an. Und vergessen Sie nicht, die im Loch gefangenen Fische und Meeresfrüchte von höchster Qualität zu probieren.

125 KINLOCHEWE – BEINN EIGHE NATIONAL NATURE RESERVE

125 KINLOCHEWE

Achnasheen
IV22 2PB
Highlands & Inseln

Die Gegend um Kinlochewe mit dem Beinn Eighe National Nature Reserve (NNR) in Wester Ross ist wirklich beeindruckend. Das 1951 gegründete Naturschutzgebiet war das erste NNR Schottlands, 2016 wurde es UNESCO-Biosphärenreservat. Der Name des kleinen Dörfchens Kinlochewe weist darauf hin, dass es am Loch Ewe liegt, der sich aber 24 km nordwestlich befindet. Es wird angenommen, dass der Loch Maree, an dem Kinlochewe liegt, bis ins 17. Jh. Loch Ewe hieß und erst dann, in Erinnerung an den hl. Maelrubha, der Wester Ross christianisierte, in Loch Maree umbenannt wurde. Im Besucherzentrum (nur in den Sommermonaten geöffnet) können Sie sich über die Gegend und ihre sehr empfehlenswerten Wanderwege informieren.

126 LOCHINDORB

Grantown-on-Spey
PH26 3PY
Highlands & Inseln

Die Landschaft rund um Lochindorb ist schön – und etwas gespenstisch, und so verwundert es nicht, dass »Lochindorb« im Gälischen »Loch des Leidens« bedeutet. Die karge Hügellandschaft steht in einem starken Gegensatz zu den Cairngorms, durch die Sie auf dem Weg zum Loch fahren. In der Mitte des Lochs sieht man die Ruine einer Burg aus dem 13. Jh., um die sich viele traurige Geschichten ranken. Während der Unabhängigkeitskriege wurde sie von den Engländern besetzt, und 1303 hielt sich Eduard I. von England hier auf. 1355 wurde die Burg abermals von den Engländern besetzt und als Gefängnis und Garnison genutzt. Ende des 14. Jh. war sie als »Wolfshöhle« bekannt, denn hier lebte nun der grausame Alexander Stewart, der als »Wolf von Badenoch« den Landstrich terrorisierte.

Idyllische LOCHS

127 LOCH VAA

Aviemore
PH24 3BT
Highlands & Inseln

Ein kleines Juwel, das man schnell übersieht. Der von Quellwasser gespeiste Loch ist von einem schönen Kiefern- und Birkenwald umgeben, die Kiesel eignen sich perfekt, um sie über die Wasserfläche hüpfen zu lassen. Das rote Blechdach des Bootshauses im Kontrast zum Grün des Waldes ist einfach malerisch. Im Winter friert der See oft zu, und alles verwandelt sich in ein winterliches Märchenland. Parken Sie auf dem kleinen Parkplatz am Laggantrygown Cemetery (benehmen Sie sich dabei bitte respektvoll, wenn gerade eine Beerdigung stattfindet) an der A95 zwischen Aviemore und Boat of Garten und folgen dann dem Weg, der direkt am Parkplatz beginnt.

128 LOCH AN EILEIN

Rothiemurchus,
Aviemore
PH22 1QT
Highlands & Inseln

Der See samt Insel mit Burgruine – Loch an Eilein lässt sich mit »Loch der Insel« übersetzen – ist ein ganz besonders pittoresker Anblick. Die Burg wurde vermutlich im 14. Jh. zum Schutz vor Plünderungen durch feindliche Clans gebaut. Der große Rundweg um den See herum führt durch eine der herrlichsten Landschaften Schottlands, in den alten Kiefernwäldern ist eine einzigartige Flora und Fauna beheimatet. Er ist außerdem für jedermann gut begehbar und auch für Kleinkinder, Kinderwagen und alle geeignet, die nicht mehr ganz so gut zu Fuß sind. Wer mit dem Fahrrad fahren möchte, kann diese Bilderbuchlandschaft auch von Aviemore aus erkunden. Halten Sie etwas Kleingeld bereit, pro Person ist eine Parkplatzgebühr zu entrichten.

127 LOCH VAA

Wilde BERGE UND TÄLER

129 **GLEN AFFRIC**
Cannich
IV4 7LT
Highlands & Inseln
forestryandland.gov.scot/visit/glen-affric

Ein besonders schönes und beeindruckendes Tal (*glen*) der schottischen Highlands. Mitten in den alten, mit Kiefern bestandenen kaledonischen Wäldern verbergen sich der Loch Affric und der Loch Beinn a' Mheadhoin. Durch das Naturschutzgebiet führen großartige Wanderwege, für die Sie sich am besten beim Rangerdienst oder auf der Website der Forstbehörde detaillierte Wanderkarten besorgen. Im Herbst präsentiert sich die Schlucht in spektakulären Farben, wenn sich Bäume und Heidekraut in den schönsten Orange- und Brauntönen färben. Aber hüten Sie sich vor den unerbittlichen *Highland midges* (eine kleine, sehr lästige Mückenart). Nehmen Sie ein Kopfnetz und ein Mückenspray mit, planen Sie Ihren Besuch bei leichter Brise oder alternativ nicht im Hochsommer.

130 GLEN ETIVE

A82
Glencoe
PH49 4JA
Highlands & Inseln

Eine 22,5 km lange, einspurige Straße führt von der A82 bei Glencoe durch dieses Tal bis zum Loch Etive – vorbei an einer atemberaubenden Landschaft mit den »The Buachaille« genannten Bergen Buachaille Etive Mor, Ben Starav und Stob Dubh. Das Tal war unter anderem Drehort für *Skyfall*, *Braveheart* und *Harry Potter* und ist außerdem bekannt für seine Hirschpopulation – mit etwas Glück kann man einen Schnappschuss von einem der majestätischen Tiere ergattern. Der Fluss Etive ist bei Kajakfahrern beliebt, verfügt aber auch über einige ruhige Stellen, an denen man baden kann. Bitte informieren Sie sich vorab über das Gewässer und seine Gefahren, und lassen Sie immer gesunden Menschenverstand walten. Da Glen Etive bei Touristen immer beliebter wird, hat auch die Verschmutzung zugenommen, lassen Sie also Ihren Müll nicht liegen und tragen damit zum Erhalt dieser wunderschönen, wilden Landschaft bei. Ein Tipp der Einheimischen: In der Nebensaison haben Sie die ganze Pracht fast für sich allein.

131 SPITTAL OF GLENSHEE

Blairgowrie
PH10 7QE
Nordosten

Die A93 bei Spittal of Glenshee ist eine der schönsten Autostrecken Schottlands. Hier treffen gleich vier *glens* aufeinander und bilden eine klassische Highland-Landschaft. Die Straße führt weiter nach Royal Deeside oder zum Cairngorms National Park, mit der »Snow Roads« genannten Route können Sie auch all diese Ziele miteinander verbinden. Im Gälischen heißt das Tal Gleann Shith (»Tal der Feen«) – ein passender Name für diesen wahrhaft magischen Ort.

130 GLEN ETIVE

132 BEALACH NA BA PASS

Strathcarron, Applecross
IV54 8XF
Highlands & Inseln

Nichts für schwache Nerven! Eine Tour über die 18 km lange Bergstraße mit scharfen Haarnadelkurven, extremen Steigungen und Ausweichbuchten zum Vor- und Zurückmanövrieren bei Gegenverkehr mutet eher wie eine Achterbahnfahrt an. Die Aussicht ist spektakulär, aber hier sollte man sich voll auf die Straße konzentrieren. Nicht geeignet für Wohnmobile, Wohnwagen und Fahranfänger. Der gälische Name der 1822 gebauten Straße bedeutet »Viehpass«, und tatsächlich wurde auf ihr früher das Vieh über die Berge getrieben. Auf der anderen Seite wartet dann zur Belohnung die schöne Halbinsel Applecross auf Sie.

133 QUEEN'S VIEW

Pitlochry
PH16 5NR
Highlands & Inseln
forestryand land.gov.scot

Queen's View ist bei Touristen beliebt – und das aus gutem Grund: Die Aussicht auf den Loch Tummel und hinüber nach Schiehallion ist beeindruckend. An klaren Tagen kann man sogar die Berge rund um Glencoe sehen. Königin Viktoria besuchte den Ort 1866 mit ihrem treuen Diener John Brown und glaubte, dass die Aussicht nach ihr benannt worden sei. Es wird aber angenommen, dass die Bezeichnung sich auf Robert the Bruces erste Frau Isabella bezieht, die 550 Jahre früher lebte. Um den Busladungen von mit Selfiesticks bewaffneten Touristen zu entgehen, besuchen Sie den Aussichtspunkt am besten frühmorgens oder am späten Nachmittag. Den Touristenhorden entkommen Sie aber auch schnell im nahe gelegenen schönen Allean Forest. Informationen zu den Wanderwegen, Toiletten und ein Café im Besucherzentrum.

132 BEALACH NA BA PASS

134 **ARDNAMURCHAN-HALBINSEL**
Ardnamurchan Point
PH36 4LN
Highlands & Inseln

Die abgelegene Halbinsel Ardnamurchan markiert den westlichsten Punkt der Insel Großbritannien. Dorthin gelangt man mit der Corran Ferry, die etwas südlich von Fort William an der A82 ablegt und Sie über den Loch Linnhe bringt. Von dort fahren Sie weiter nach Strontian, wo die einspurige Straße nach Ardnamurchan Point abgeht. Oder Sie fahren von Glenfinnan über die A830 bis Lochailort und nehmen dann die A861 – diese Route dauert etwa eine Stunde länger. Beide Strecken führen schließlich auf die kurvenreiche, einspurige Straße, über die man durch einen der schönsten Landstriche der Westküste bis zum Leuchtturm am Ardnamurchan Point gelangt. Der 36 m hohe Bau aus dem Jahr 1850 beherbergt heute ein Café und ein kleines Museum. Hier, an der abgelegenen, wunderschönen Sanna Bay, haben Sie einen tollen Blick auf die Inneren Hebriden, nach An Sgùrr on Eigg und auf die Berge der Isle of Rùm.

135 NEIST POINT LIGHTHOUSE

Isle of Skye
IV55 8WU
Highlands & Inseln
isleofskye.com

Neist Point liegt am westlichsten Punkt der Isle of Skye. Der dort 43 m über dem Meer thronende Leuchtturm wurde errichtet, um Seefahrern im Minchkanal den richtigen Weg zu weisen. Geplant wurde der Bau 1909 von Robert Louis Stevensons Cousin David Alan Stevenson. 1990 wurde alles automatisiert, und der letzte Leuchtturmwärter verließ den Turm. Heute wird er aus der Ferne vom Northern Lighthouse Board in Edinburgh gesteuert. Vom Parkplatz aus bis zum Turm laufen Sie etwa 45 Minuten über einen gut ausgebauten Weg. Wunderschön bei Sonnenuntergang, Stirnlampe nicht vergessen.

135 NEIST POINT LIGHTHOUSE

WASSERFÄLLE

136 FALLS OF FALLOCH

Crianlarich
FK20 8RL
Loch Lomond &
Die Trossachs
visitscotland.com

Die Falls of Falloch sind als die »versteckten Wasserfälle« (das bedeutet ihr Name auf Gälisch) bzw. als »Rob Roys Badewanne« bekannt. Schöner Platz für einen kurzen Stopp, wenn Sie auf der A82 unterwegs sind – oder auch für ein Picknick (Müll unbedingt wieder mitnehmen). Wer sich traut, kann von einer 10 m hohen Klippe ins Wasser springen. Von John Kennedys Installation *Woven Sound* mit dem frei schwebenden Aussichtspunkt aus geflochtenem Stahl, von dem man einen perfekten Blick auf den Wasserfall hat, lassen sich tolle Fotos machen. Im Sommer ist hier viel los, und der Parkplatz wird schnell voll – bitte parken Sie aber trotzdem nicht auf der A82, das ist verboten und kann Unfälle verursachen.

137 FALLS OF FOYERS

45 B852
Inverness
IV2 6XX
Highlands & Inseln

Beeindruckender, etwa 50 m hoher Wasserfall, der am berühmten Loch Ness in mehreren Etappen in eine bewaldete Schlucht stürzt. Sein gälischer Name bedeutet so viel wie »rauchender Wasserfall«. Schöner Zwischenstopp, wenn Sie eine Pause von der viel befahrenen A82 brauchen.

138 PLODDA FALLS

Cannich, Beauly
IV4 7LY
Highlands & Inseln
forestryand land.gov.scot

Wenn Sie im Tal Glen Affric unterwegs sind, sollten Sie auch unbedingt die Plodda Falls besuchen. Den 46 m hohen Wasserfall können Sie hier aus nächster Nähe erleben. Von der Aussichtsplattform hat man den besten Blick auf das herabstürzende Wasser – super für ein Urlaubsfoto. Nur etwa 8 km vom Dörfchen Tomich entfernt und über eine schmale Straße und einen Waldweg zu erreichen – und das Erlebnis ist die Anfahrt allemal wert!

139 INVERMORISTON FALLS

River Moriston
Inverness
IV63 7WE
Highlands & Inseln

An dem etwas nördlich von Fort Augustus gelegenen Wasserfall gibt es nicht nur einen schönen Aussichtspunkt, sondern auch Spazierwege durch den Wald. Den besten Blick auf den Wasserfall hat man von der 1813 errichteten Thomas Telford Bridge aus, über die einst die Hauptverkehrsstraße von Drumnadrochit nach Fort Augustus führte. Dienstags wird der Staudamm von Dundreggan geöffnet, dann fließt besonders viel Wasser.

140 BURN O'VAT

Dinnet
AB34 5NB
Nordosten

Burn O'Vat ist auch als McGregor's Cave bekannt. Der Toteissee entstand vor 16 000 Jahren, als das Gletschereis (*vat*) schmolz, Geröll mitnahm und dabei dieses 13 m tiefe und 18 m breite Loch aushöhlte. Dieser faszinierende Ort diente im 17. Jh. dem berüchtigten Viehdieb Pádruig Mac Griogair (Patrick McGregor) als Versteck. Besucherzentrum, Toiletten und tolle Wanderwege.

141 FALLS OF SHIN

B864
Lairg
IV27 4EX
Highlands & Inseln

Bei den wildromantischen Falls of Shin kann man gut einen halben Tag verbringen, denn hier gibt es einiges zu tun. Das Besucherzentrum wird vom Kyle of Sutherland Development Trust betrieben und verfügt über einen gut sortierten Laden sowie ein kleines Mac-and-Wild-Restaurant mit exzellenten Burgern. Der River Shin ist außerdem einer der bekanntesten (und besten) Plätze, um im Sommer die Wanderung der wilden Lachse zu beobachten. Zum Angebot gehören des Weiteren Minigolf, ein Spielplatz und schöne Waldwege im Achany Forest, die sich sowohl für Abenteuerlustige als auch für Spaziergänger perfekt eignen.

139 INVERMORISTON FALLS

Sehenswerte

NATURSCHUTZGEBIETE

142 **ST CYRUS NATIONAL NATURE RESERVE**
Montrose
DD10 0AQ
Nordosten
nature.scot

In diesem Naturschutzgebiet können Sie sich einmal so richtig vom Wind durchpusten lassen. Etwas Deckung bieten die Sanddünen, die auch das Grasland schützen, wo sich im Sommer ein Teppich bunter Wildblumen ausbreitet. Die langen Strände eignen sich hervorragend, um Vögel zu beobachten, und der Blick von den Klippen beim Dorf ist einfach großartig. Besucherzentrum und Toiletten.

143 **MUIR OF DINNET NATIONAL NATURE RESERVE**
Burn O'Vat
Dinnet
AB34 5NB
Nordosten
nature.scot

Nachdem Sie den Burn O'Vat erkundet haben, sollten Sie sich auch das Muir of Dinnet Nature Reserve mit seiner artenreichen Flora und Fauna ansehen. Hier gibt es tolle Wanderwege, Lochs, Feuchtgebiete und Wälder, in denen nicht nur die typischen Waldkiefern, sondern auch viele der im Volksglauben wichtigen Ebereschen und Weiden wachsen und über 140 verschiedene Vogelarten leben. Archäologische Ausgrabungen haben dazu einen piktischen Symbolstein aus dem 9. Jh., einen Einbaum und einen eisenzeitlichen Pfahlbau zutage gefördert.

157 AULDEARN ANTIQUES

SHOPPEN

BUCHHANDLUNGEN
mit Charakter

144 ARMCHAIR BOOKS

72-74 West Port
Edinburgh
EH1 2LE
+44 (0)131 229 5927
armchairbooks.co.uk

Bei Armchair Books vergisst man schnell die Zeit und verliert sich in den bis obenhin mit Büchern vollgestopften Gängen - beileibe kein Laden für Ordnungsfanatiker. Nach dem neuesten Bestseller oder der integrierten Kaffeehauskettenfiliale sucht man hier vergeblich. Hierher kommt, wer eine vielseitige Auswahl von antiquarischen Büchern (von denen manche so alt wie Edinburgh selbst zu sein scheinen) zu schätzen weiß.

145 LEAKEY'S BOOKSHOP

Church St
Inverness
IV1 1EY
Highlands & Inseln
+44 (0)1463 239 947

Dieses in einer ehemaligen, 1793 erbauten Kirche untergebrachte Antiquariat wirkt so märchenhaft, als stamme es selbst aus einem der hier angebotenen Bücher. Die hohe Decke und die Kanzel in Kombination mit dem Kaminofen sorgen für eine einzigartige Atmosphäre. Ein ganz besonderer Ort für alle Buchliebhaber.

146 **CALTON BOOKS**

159 London Road
Glasgow
G1 5BX
+44 (0)7547 743 303
calton-books.co.uk

Von Freiwilligen betriebener, unabhängiger Buchladen in der Nähe der berühmten Barras. Hier finden Sie Lesestoff zur Geschichte der Glasgower Arbeiterbewegung im Besonderen und zu Politik und Geschichte der Arbeiterbewegung im Allgemeinen, außerdem alles, was radikales und freies Denken fördert. Zu den Themengebieten gehören zum Beispiel Feminismus, Anarchismus, Marxismus, Bürgerrechte und Migration. T-Shirts, Anstecker, Aufnäher und vieles mehr.

144 **ARMCHAIR BOOKS**

147 VOLTAIRE AND ROUSSEAU

12-14 Otago Lane
Glasgow
G12 8PB
+44 (0)141 339 1811

Voltaire and Rousseau gibt es schon seit über vierzig Jahren. Das Antiquariat wirkt fast wie der Eingang zu einer anderen Dimension, in die man sich Buchregal um Buchregal hineinbewegt, und in der das Buch seinen Leser auswählt, nicht umgekehrt. Lassen Sie sich viel Zeit beim Stöbern, denn es macht so viel mehr Spaß, als schnell ein Buch bei Amazon zu bestellen.

Noch mehr großartige BUCHHANDLUNGEN

148 **GOLDEN HARE BOOKS**
68 St Stephen St,
Stockbridge
Edinburgh
EH3 5AQ
+44 (0)131 629 1396
goldenharebooks.com

Diese Buchhandlung möchte die Neugier, die Fantasie und den Gemeinschaftssinn ihrer Kunden wecken. Der Laden ist gemütlich, das Personal sachkundig, und es gibt regelmäßig sehr empfehlenswerte Veranstaltungen für Buchliebhaber, egal, welcher Herkunft oder welchen Alters – und sogar einen eigenen Podcast. Langsamkeit ist hier eine Tugend, lassen Sie sich bei der Auswahl Ihres nächsten Buches so viel Zeit, wie Sie möchten – es wird Sie niemand zu einem Kauf drängen. Die Ware wird weltweit verschickt, Sie müssen den neu erworbenen wunderbaren, aber dicken Wälzer also nicht auf Ihrer Reise mit sich herumschleppen.

149 **ORB'S BOOKSHOP**
33A Deveron St
Huntly
AB54 8BY
Norden
+44 (0)1466 793 765
orbbookshop.co.uk

Jeder sollte unabhängig von seinem Einkommen Zugang zu Literatur haben. Deswegen sind gemeinschaftlich betriebene Buchläden wie das Orb's mit seinen freiwilligen Helfern so wichtig. Hier ist von Sammlerausgaben über Bestseller bis hin zu gebrauchten Büchern für jeden Geldbeutel etwas dabei. Die Mitarbeiter beraten Sie gerne bei der Auswahl Ihres Lesestoffs oder erzählen Ihnen etwas über dieses Projekt.

150 **THE EDINBURGH BOOKSHOP**

219 Bruntsfield Place, Bruntsfield
Edinburgh
EH10 4DH
+44 (0)131 447 1917
edinburghbookshop.com

Diese Buchhandlung im Edinburgher Viertel Bruntsfield ist günstig gelegen: Kaufen Sie hier ein Buch und machen es sich dann damit in einem der vielen Cafés oder in »The Links«, einem Park ganz in der Nähe, gemütlich. Der 2007 eröffnete Laden hat eine breit gefächerte Auswahl, zu der auch viele Kinderbücher gehören. Donnerstags und freitags um 9.30 Uhr findet eine Vorlesestunde für Kinder unter fünf Jahren statt – ein Riesenspaß. Nette und hilfsbereite Mitarbeiter, die Ihnen gerne etwas empfehlen.

151 **ATKINSON-PRYCE BOOKSHOP**

27 High St
Biggar
ML12 6DA
Süden
+44 (0)1899 221 225
atkinson-pryce.co.uk

Großartige kleine Buchhandlung in Biggar. Wenn Sie auf der A702 unterwegs sind, lohnt es sich, hier vorbeizukommen: Tolle Auswahl an schottischen Büchern, sehr freundliches Personal und Tafeln mit lustigen Sprüchen – diese Buchhandlung wurde nicht ohne Grund prämiert.

152 **THE HIGHLAND BOOKSHOP**

60 High St
Fort William
PH33 6AH
Highlands & Inseln
+44 (0)1397 705 931
highlandbookshop.com

Der Highland Bookshop mit seinen karierten Teppichen passt perfekt in die High Street von Fort William. Da das Örtchen ein beliebtes Ziel von Outdoor-Fans ist, finden Sie in der Buchhandlung unter anderem auch eine hervorragende Auswahl an Büchern zum Thema Freizeitaktivitäten im Freien oder zu dem Ort und seiner Umgebung. Bei den vom Highland Bookshop organisierten Events ist häufig Prominenz anwesend. Lassen Sie sich hier zu Ihrem nächsten Abenteuer inspirieren!

153 **THE WATERMILL**
Mill St
Aberfeldy
PH15 2BG
Highlands & Inseln
+44 (0)1887 822 896
aberfeldywater mill.com

In den einzigartigen Räumlichkeiten dieser alten, restaurierten Wassermühle aus dem Jahr 1825 sind eine Buchhandlung, eine Kunstgalerie und ein Café untergebracht. Die preisgekrönte Buchhandlung hat viele interessante Bücher über die Region im Sortiment, von denen einige auch im hauseigenen Verlag erschienen sind. In der Galerie im Obergeschoss werden in wechselnden Ausstellungen Kunst, Druckgrafik oder Keramik gezeigt. Das Essen im Café ist gesund, lecker, von hoher Qualität und wird in großzügigen Portionen serviert. Es gibt Suppen, Salate und belegte Vollkornbrötchen. Im Sommer sitzt es sich sehr schön auf der Terrasse.

FAHRRADGESCHÄFTE

154 **RIDE CAIRNGORM**
BAHNHOF
Boat of Garten
PH24 3BH
Highlands & Inseln
+44 (0)1479 831 729
ridecairngorm.com

Der von Lokalmatador Nash Masson gegründete Laden ist sicherlich eines der schönsten Fahrradgeschäfte Schottlands und führt alles, was das Mountainbikerherz begehrt. Er liegt direkt neben der alten Strathspey Steam Railway Station (die Dampflok ist noch in Betrieb!). Der zugehörige Verleih hat Kinder- und Erwachsenenfahrräder sowie Anhänger für die Kleinsten und eine Auswahl an E-Bikes im Angebot. Und versäumen Sie nicht, Chopstick, dem süßen Chow-Chow, Hallo zu sagen.

154 RIDE CAIRNGORM

155 **BASECAMP BIKES**

5 The Square
Grantown-on-Spey
PH26 3HG
Highlands & Inseln
+44 (0)1479 870 050
basecampmtb.com

Lindsey und Ben von BaseCamp Bikes sind herzlich und geradeheraus. Zum Laden gehört ein Verleih mit Rädern sowie E-Bikes für Kinder und Erwachsene – und wenn Sie für länger als zwei Tage mieten, bekommen Sie die fahrbaren Untersätze sogar an die genannte Adresse gebracht. In der bei den ortsansässigen Mountainbikern sehr beliebten Werkstatt können Sie Ihr Fahrrad wieder in Gang bringen lassen. Der kleine Laden hat außerdem eine erstaunlich gute Auswahl an Zubehör zu bieten, was praktisch ist, wenn Sie Ihre Handschuhe, Ihren Helm oder die wasserdichte Jacke vergessen haben oder sich einfach nur etwas Neues gönnen wollen! Kaffee gibt es auch, am besten bringen Sie Ihre eigene Tasse mit und bitten Ben, Ihnen einen Flat White zu machen – diese Kunst hat er in Neuseeland perfektioniert!

156 **CYCLE HIGHLANDS**

THE PAVILLION
Victoria Road
Ballater
AB35 5QQ
Nordosten
+44 (0)1339 755 864
cyclehighlands.com

Lassen Sie sich von Rich und seinem Team ausrüsten, bevor Sie in der schönen Gegend rund um Royal Deeside und Ballater auf Entdeckungstour gehen. Es gibt einen Fahrradverkauf und -verleih sowie einen kleinen Skills Loop. Zum Angebot gehört auch die Vermittlung von ortskundigen Guides – eine tolle Möglichkeit, die Region besser kennenzulernen. Schöne Auswahl an Zubehör, Werkstatt.

Charmante VINTAGE-LÄDEN

157 **AULDEARN ANTIQUES**
Dalmore Manse,
Lethen Road
Auldearn, Nairn
IV12 5HZ
Highlands & Inseln
+44 (0)1667 453 087
auldearn antiques.co.uk

Diesen seit 25 Jahren als Familienunternehmen geführten Vintage-Laden am Rand des verschlafenen Dorfes Auldearn sollten Sie nicht verpassen. Kunden sind immer herzlich willkommen und dürfen in den schönen alten Räumlichkeiten stöbern, die randvoll mit Secondhandmöbeln, Porzellan, Nippes, Vintage-Kleidung und vielem mehr sind. Eine wahre Fundgrube, in der für jeden etwas dabei ist.

158 **W. ARMSTRONG & SON**
83 Grassmarket,
Cowgate
Edinburgh
EH1 2HJ
+44 (0)131 220 5557
armstrongs vintage.co.uk

Seit seiner Gründung im Jahr 1840 begeistert dieser traditionsreiche Laden seine Kundschaft. Er ist vollgepackt mit Kleidung und Accessoires aus den 1950er- bis 1990er-Jahren. Ein Mekka für alle, die auf der Suche nach einem einzigartigen Kleidungsstück zu einem fairen Preis sind. Jede Mode kommt früher oder später wieder – und bei Armstrong & Son sind Sie genau richtig, wenn Sie dem aktuellen Trend zur Nachhaltigkeit folgen möchten. Drei Geschäfte in Edinburgh, jedes mit ganz eigenem Charakter, von denen die Filiale am Grassmarket vielleicht die schönste ist.

157 AULDEARN ANTIQUES

158 W. ARMSTRONG & SON

159 STARRY STARRY NIGHT

19 Dowanside Lane
Glasgow
G12 9BZ
+44 (0)141 337 1837
starrystarrynight vintage.co.uk

Dieses 1986 in einem kleinen Gässchen eröffnete Vintage-Lädchen hat wahre Schätze im Angebot. Die Stilpalette reicht von der viktorianischen Epoche bis in die 1980er-Jahre - wenn Sie auf der Suche nach etwas Einzigartigem sind, das man in den großen Einkaufsstraßen nicht findet, sollten Sie hier vorbeischauen.

160 CONCORDE MUSIC

15 Scott St
Perth
PH1 5EJ
Zentralschottland
+44 (0)1738 621 818
concordemusic.com

Dieses 1967 eröffnete Geschäft ist klein, aber oho - und Schottlands ältester unabhängiger Plattenladen! Große Auswahl an LPs, Singles und Maxisingles sowie gebrauchte Schallplatten mit Musik aus allen möglichen Genres und auch andere Medien wie CDs und DVDs - hier wird jeder fündig.

WHISKY *und* CRAFT BEER

161 **THE WHISKY CASTLE**
6 Main St
Tomintoul
AB37 9EX
Highlands & Inseln
+44 (0)1807 580 213
whiskycastle.com

Das am Malt Whisky Trail gelegene, über hundert Jahre alte The Whisky Castle ist eine Institution von Weltrang. Nettes Personal, das für jeden Geschmack und jede Preisklasse eine Empfehlung parat hat – sehr hilfreich, vor allem wenn man sich nicht so gut mit der Materie auskennt. Über 600 Single Malts, viele von unabhängigen Produzenten, die nur hier angeboten werden. Gratisverkostungen, auch für größere Gruppen (in diesem Fall aber bitte vorher anrufen).

162 **VALHALLA'S GOAT**
449 Great Western Road
Glasgow
G12 8HH
+44 (0)141 337 3441
valhallasgoat.com

Im trendigen West End ansässiges Geschäft mit einer erstklassigen Auswahl an Craft Beer, Wein und Hochprozentigem. Ein Muss für alle Craft-Beer-Fans, denn hier finden Sie einen repräsentativen Querschnitt der qualitätvollen und vielfältigen Erzeugnisse von Schottlands innovativer Brauereiszene. Außerdem eine große Auswahl an Craft Beer aus aller Welt. Gin und Whisky runden das Angebot exzellenter schottischer Produkte ab. Die Mitarbeiter helfen Ihnen gerne, das Richtige für Ihren Geschmack und Ihr Budget auszuwählen. Toller unabhängiger Laden für alle, die etwas Besonderes suchen.

163 **THE CARNEGIE WHISKY CELLARS**

Castle St
Dornoch
IV25 3DF
Highlands & Inseln
+44 (0)1862 811 791
thecarnegiecourthouse.co.uk/whisky-cellars

Diese Whisky-Handlung mit Sitz im alten Carnegie Courthouse ist einzigartig. Das Angebot konzentriert sich auf regionale Brennereien, hat aber auch eine große Auswahl an Whiskys aus ganz Schottland auf Lager. Die sachkundigen Mitarbeiter bieten Verkostungen mit Gin und Whisky an, bei denen Sie zusätzlich eine Menge über diesen schottischen Wirtschaftszweig lernen. Schöner Verkostungsraum.

Ausgefallene SOUVENIRLÄDEN

164 **THE SHOP OF INTEREST**
1058 Argyle St
Glasgow
G3 8LY
+44 (0)141 221 7316
theshopofinterest.co.uk

Das kleine Lädchen in Finnieston hat viele ungewöhnliche Dinge zu bieten: Kunstobjekte, Geschenke, Schmuck, lustige Grußkarten und vieles mehr – hier macht auch das Stöbern richtig Spaß. Unbedingt einen Besuch wert.

165 **GIE IT LALDY**
199 Crow Road
Glasgow
G11 7PD
gieitlaldy.com

Frecher Geschenkeladen mit ganz eigenem Charakter. Grußkarten, Tassen und Kleidung mit witzigen schottischen und englischen Sprüchen und vieles mehr. Dieses zutiefst schottische Angebot wird Sie garantiert amüsieren und Ihnen dabei ganz nebenbei die Landeskultur näherbringen. Tolle Mitbringsel, die man sonst nirgendwo bekommt.

166 **HANNAH ZAKARI**
43 Candlemaker Row
Edinburgh
EH1 2QB
+44 (0)131 226 5433
hannahzakari.com

Bezaubernder kleiner Laden in der Candlemaker Row, in dem Sie einmalige Souvenirs aus der schottischen Hauptstadt bekommen. Schmuck, süße Anstecknadeln und Aufnäher, Grußkarten, Notizbücher und vieles mehr – alles von unabhängigen Designern. Wenn Sie eine Alternative zu den Souvenirläden der Royal Mile suchen, sind Sie hier genau richtig.

167 BRAW WEE EMPORIUM

200 Gallowgate
Glasgow
G1 5DR
+44 (0)141 552 2501
braw-wee-emporium.com

Kleiner, aber feiner, gemeinnütziger Laden, der schottische Künstler fördert und regionale Waren verkauft. Schallplatten, handgemachte Kosmetikprodukte, Schmuck und Kunst. Billige, in China hergestellte Souvenirs werden Sie hier vergeblich suchen. Machen Sie auch bei einem der preiswerten Kurse mit, bei dem Sie alles Mögliche von der Herstellung eigener Lampenschirme bis hin zu Kalligrafie lernen können.

168 SCOTTISH DESIGN EXCHANGE

220 Buchanan St
Glasgow
G1 2FF
+44 (0)141 353 7457
scottishdesignexchange.com

The Scottish Design Exchange ist eine Non-Profit-Organisation, in deren Läden über 150 unabhängige schottische Künstler und Designer mit ihren Produkten von Kunstobjekten über Kosmetik bis hin zu Schmuck und Kleidung vertreten sind. Hier finden Sie garantiert ein schönes Mitbringsel – und der Einkauf macht besonders viel Spaß, wenn man weiß, dass der Erlös in die Förderung der kreativen Köpfe investiert wird.

169 LOGIE STEADING

Dunphail, Forres
IV36 2QN
Norden
+44 (0)1309 611 378 (Zentrale)
+44 (0)1309 611 733 (Café)
logie.co.uk

Hier ist was los! Auf dem Logie Estate können Sie am River Findhorn spazieren gehen und dann in dem exzellenten Café The Olive Tree eine Pause machen – oder Sie nehmen sich ein Picknick mit und schicken die Kinder auf den Spielplatz. In dem hübschen Sandsteingebäude sind Ateliers mit Künstlern und Kunsthandwerkern sowie Geschäfte untergebracht, verkauft werden Kunst, Bücher, Pflanzen, Wein, Vintage-Kleidung und mehr. Viele Events laden zum Mitmachen ein: Sie können mit Glas arbeiten, Stühle bauen oder bei einem Freilufttheater mitwirken.

SCHICKES *und* HOCHWERTIGES

170 DICK'S

3 NW Circus Place,
Stockbridge
Edinburgh
EH3 6ST
+44 (0)131 226 6220
dicks-edinburgh.co.uk

Man merkt gleich, dass die Besitzer Uli und Andrew viel Zeit und Liebe in die Warenauswahl investieren und nur hochwertige Kleidung von unabhängigen Herstellern in ihr Sortiment aufnehmen. Sorgfalt und Handwerkskunst stehen hier im Vordergrund – Billigware sucht man dagegen vergebens. Wenn Sie in ein Kleidungsstück investieren wollen, das Ihnen viele Jahre treu bleibt, sind Sie hier genau richtig.

171 NICHE OPTICAL TAILOR

119 Candleriggs
Glasgow
G1 1NP
+44 (0)141 553 2077
nicheoptical tailor.co.uk

Kein 08/15-Optiker. In diesem Laden gibt es viele ungewöhnliche Lese- und Sonnenbrillen. Wenn Sie mit Ihrer Brille ein Statement setzen wollen, sind Sie hier genau richtig. Viele sehr individuelle Modelle von unabhängigen Designern.

172 **KARTEL**

9 Church St
St Andrews
KY16 9NW
Zentralschottland
+44 (0)1334 479 333
kartel.co.uk

Cooler, zeitgemäßer Flagship-Store der schottischen Uhrenmarke Kartel. Moderne und klassische Stücke von schottischen Designern, für die Uhrbänder werden häufig traditionelle Stoffe wie zum Beispiel Harris Tweed verwendet. Sie können sich Ihre Uhr auch mit einer Gravur, etwa zu einem besonderen Anlass, verschönern lassen.

173 **THE MAINSTREET TRADING COMPANY**

Main St
St Boswells
TD6 0AT
Scottish Borders
+44 (0)1835 824 087
mainstreet books.co.uk

Die Mainstreet Trading Company mit ihren kreativen, ansprechenden Schaufensterauslagen ist mehr als eine unabhängige Buchhandlung. Das ehemalige Auktionshaus beherbergt nämlich außerdem ein ausgezeichnetes Café, eine Feinkosthandlung und ein Geschäft für Wohnaccessoires. Alle Waren, vom Käse bis zum Briefpapier, sind sorgfältig ausgewählt und stammen meist von unabhängigen Herstellern und Kunsthandwerkern. Toller Kinderbuchbereich.

174 **SUBVERSION GALLERY**

57 Ruthven Lane
Glasgow
G12 9BG
+44 (0)141 237 5575
subversion gallery.co.uk

Diese 2015 eröffnete Galerie in der Ruthven Mews Arcade hat sich darauf spezialisiert, Pop-Art und Urban-Art in das West End von Glasgow zu bringen. Hier können Sie auch mit kleinem Budget Kunst kaufen. Das Leben ist zu kurz für langweilige Wände!

175 **APPLECROSS PHOTOGRAPHIC GALLERY**

Camusterrach,
Applecross
IV54 8LU
Highlands & Inseln
+44 (0)1520 744 395
applecrossgallery.com

Kleine Galerie in einer stillgelegten Telefonzentrale, die atemberaubende Landschaftsfotografien vom Nordwesten Schottlands, aufgenommen vom einheimischen Künstler Jack Marris, verkauft. Hier lohnt sich der Besuch – nicht nur wegen des kostenlosen Kaffees. Öffnungszeiten je nach Saison.

175 APPLECROSS PHOTOGRAPHIC GALLERY

Lebensmittel frisch vom BAUERNHOF

176 **I.J.MELLIS**
330 Morningside Road
Edinburgh
EH10 4QJ
+44 (0)131 447 8889
mellischeese.net

Dieser traditionelle Käsehändler der Spitzenklasse ist seit über 25 Jahren im Geschäft. Handwerklich hergestellter, hochwertiger Käse in vielen Sorten. Hier geht Qualität vor Quantität - und sachkundige Mitarbeiter machen es dem Käseliebhaber leicht, sich einmal so richtig einzudecken.

177 **BOWHOUSE MARKET**
BALCASKIE ESTATE
St Monans,
Anstruther
KY10 2DB
Zentralschottland
+44 (0)1333 720 200
bowhousefife.com

Bowhouse Market möchte das Essen möglichst frisch und direkt auf den Teller bringen. Einmal im Monat präsentieren hier die besten Erzeuger in netter Atmosphäre ihre Produkte. Die Überdachung sorgt dafür, dass Sie sich auch an regnerischen Tagen in Ruhe umsehen können. Kaffee, Bio-Gemüse, traditionell gebackenes Brot, Fisch, Öle, hochwertige Fleischerzeugnisse und vieles mehr - ein Paradies für Foodies.

178 **ISLE OF MULL CHEESE**

SGRIOB-RUADH FARM

Tobermory,
Isle of Mull
PA75 6QD
Argyll & Bute
+44 (0)1688 302 627
isleofmullcheese.co.uk

Dieses Familienunternehmen auf der Isle of Mull produziert preisgekrönten Käse aus der Milch ihrer eigenen Kühe, die jeden Morgen auf der Sgriob-ruadh Farm gemolken werden. Die Milch wird sofort weiterverarbeitet, im Keller des Betriebs können Sie die verschiedenen Reifephasen des Käses verfolgen. Den fertigen Käse und auch andere frische Hoferzeugnisse können Sie im Restaurant in der zum Wintergarten umfunktionierten Scheune probieren oder im Hofladen kaufen.

179 **AUCHENTULLICH FARM SHOP**

Arden, Alexandria
G83 8RF
Loch Lomond & Die Trossachs
+44 (0)1389 850 240

Wer an Auchentullich vorbeikommt, ahnt meist gar nicht, was für ein Schatz sich hier verbirgt. Dieser in der fünften Generation betriebene Milchbauernhof hat 2012 sein Angebot erweitert. Und das Ergebnis überzeugt: Zum Sortiment gehören nun frisches, regionales Gemüse, Käse und auf dem Hof produziertes Rindfleisch. Das selbst gemachte Eis mit ungewöhnlichen Geschmacksrichtungen wie Sanddorn oder Cranachan (ein traditionelles schottisches Dessert) ist ebenfalls ausgezeichnet. Im Winter gibt es Glühwein, der auf einem Holzofen erhitzt wird. Wenn Sie auf der A82 unterwegs sind, sollten Sie hier unbedingt einen Zwischenstopp einlegen.

ESSEN

FISH & CHIPS *und* MEERESFRÜCHTE

180 LOBSTER SHACK

Harbour Lodge
North Berwick
EH39 4SS
Die Lothians
+44 (0)7910 620 480
lobstershack.co.uk

Nur während der Saison von Mai bis Oktober geöffneter Treffpunkt für Meeresfrüchteliebhaber mitten im Hafen von North Berwick. Die kleine Bude hat ausschließlich umweltfreundlich gefangene Spezialitäten im Angebot – und zwar frisch vom Fischerboot. Im Außenbereich mit seiner grandiosen Aussicht und der frischen Seeluft schmecken Hummer und Fritten gleich noch mal so gut. Dazu passt, je nach Laune, ein Bier oder ein Glas Prosecco. Allerdings eignen sich die Portionen eher für einen Snack als für eine komplette Mahlzeit.

181 SKIPNESS SEAFOOD CABIN

Skipness, Tarbert
PA29 6XU
Argyll & Bute
+44 (0)1880 760 207
skipnessseafood cabin.co.uk

In diesem Familienbetrieb in unmittelbarer Nähe von Skipness Castle werden einfache, aber sehr leckere Gerichte mit Meeresfrüchten serviert. Unbedingt zu empfehlen ist die Meeresfrüchteplatte. Auf den Bänken im Außenbereich findet man immer einen Platz. Schottische Meeresfrüchte und ein schottisches Schloss – authentischer geht's nicht!

182 MARA FISH BAR & DELI

Shore Road
Corrie,
Isle of Arran
KA27 8JB
Argyll & Bute
+44 (0)1770 810 555
mara-arran.co.uk

Mara ist das schottisch-gälische Wort für Meer – ein passender Name für dieses erst kürzlich im modern-maritimen Look renovierte Fischrestaurant auf der Isle of Arran. Einheimische wie Touristen lassen sich gerne von den immer neuen und aufregenden Gerichten zum Mitnehmen überraschen, und auch Veganer kommen auf ihre Kosten. Kaffee aus der Rösterei Dear Green in Glasgow. Nur Frühstück und Mittagessen, keine Reservierung erforderlich.

183 THE FISHMARKET

23A Pier Place
Newhaven
EH6 4LP
Edinburgh
+44 (0)131 552 8262
thefishmarketnewhaven.co.uk

Fish & Chips für gehobene Ansprüche. Der Fisch stammt direkt vom Händler nebenan: Von Rotzunge über Kabeljau und Schellfisch bis hin zu frittierten Krabbenscheren ist für jeden Geschmack etwas auf der Speisekarte. Dass der Fisch nicht nur auf traditionelle Weise im Backteig, sondern auch paniert oder gegrillt zubereitet wird, sorgt für Abwechslung. Das Tagesgericht ist immer zu empfehlen, die Saucen – vietnamesisch, Aioli und Sauce tartare – ebenso. Und in Edinburgh darf selbstverständlich auch die berühmte Salt'n'suce nicht fehlen. An schönen Sommerabenden muss man etwas Schlange stehen, dafür wird man mit einer schönen Aussicht auf den Sonnenuntergang in Newhaven belohnt. Für frühe Vögel gibt es von 17 bis 18 Uhr eine Austern-Happy-Hour.

184 CATCH FISH AND CHIPS

186 Fenwick Road
Giffnock
G46 6XF
Glasgow
+44 (0)141 638 9169
catchfishand chips.co.uk

Ein Kleinod im sowieso schon von guten Imbissbuden verwöhnten Glasgow und ganz sicher keine gewöhnliche Frittenbude, denn hier werden Jakobsmuscheln, Fischpakora, Hummer- und Krabbenbrötchen serviert. Im Sitzbereich gibt es viele Biersorten und eine ebenso große Weinauswahl. Filialen in Netherlee und im West End.

185 ANSTRUTHER FISH BAR

42–44 Shore St
Anstruther
KY10 3AQ
Zentralschottland
+44 (0)1333 310 518
anstruther fishbar.co.uk

Dass Anstruther so berühmt für seine Fish & Chips ist, liegt nicht zuletzt an diesem Lokal. Die Betreiber stammen aus altehrwürdigen Fischerfamilien und haben vor Kurzem einen Preis für das beste Fish & Chips Großbritanniens gewonnen. Die Kellner mit ihren weißen Schürzen und Häubchen sorgen für eine wunderbar altmodische Atmosphäre. Da das Restaurant direkt am Hafen liegt, kann man sich sein Essen auch mitnehmen und am Wasser genießen – aber Vorsicht vor den Seemöwen! Sehr beliebt, rechnen Sie daher mit einer Warteschlange.

186 CHEESE & TOMATIN
10 Stephens Brae
Inverness
IV2 3JN
Highlands & Inseln
+44 (0)1463 223 752

Dieser Familienbetrieb in Inverness zaubert leckere Holzofenpizza auf den Tisch. Der Teig ist nach neapolitanischem Rezept gemacht, der Belag jedoch durch und durch schottisch! Black Pudding oder Haggis sind wohl ziemlich einmalig auf einer Pizza. Ab und zu sind sie mit ihren Kreationen auch bei Events vertreten – halten Sie die Augen offen.

187 THE PITT
125-137 Pitt St
Leith
EH6 4DE
Edinburgh
+44 (0)7736 281 893
thepitt.co.uk

In einer schlichten Gasse gleich in der Nähe des Water of Leith – der Pitt Street – befindet sich das danach benannte Pitt in einem alten Innenhof, dem mit angesagtem Streetfood, Getränkestanden und Livemusik (hauptsächlich Straßenmusikanten) neues Leben eingehaucht wurde. Ideal für stimmungsvolle Sommerabende, im Winter kann man sich an den Feuerstellen wärmen. Als Eintrittsgeld wird ein freiwilliger Beitrag von 2 £ vorgeschlagen. Auf diesem hippen kleinen Markt, der Samstag und Sonntag von 12 bis 22 bzw. 18 Uhr stattfindet, kann man den ganzen Nachmittag verbringen. Empfehlenswert ist auch der alternative Flohmarkt mit Streetfood in der Old Town, er gehört denselben Betreibern (Infos auf der Website).

188 CLARK'S BAKERY

3 Annfield Road
Dundee
DD1 5JH
Nordosten
+44 (0)1382 641 048
clarksbakery.co.uk

Diese 1950 gegründete und mittlerweile in der dritten Generation geführte Bäckerei ist eine echte Institution in Dundee. Egal, ob Nachtschwärmer, Pendler, Studenten oder der ganze Rest: Wer sich in Dundee aufhält, muss diese leckeren Pies probieren – egal, zu welcher Tages- oder Nachtzeit. Man kann zwischen traditionellen Füllungen wie Makkaroni, Steak oder *tattie bean* (Bohnen und Kartoffeln) wählen. Wer etwas mutiger ist, versucht es mit Chicken Tikka, Bolognese oder dem süßen Rhabarber-Pie. Bestellen Sie auf jeden Fall »Twa hoat pehs en en ingin ene ena«. Soll heißen: »Zwei heiße Pies und noch einen mit Zwiebeln«.

189 BROSS BAGELS

105 Leith Walk
Leith
EH6 8NP
Edinburgh
+44 (0)131 629 4560
brossbagels.com

Als die etwas exzentrische Larah Bross ihr Geschäft eröffnete, hatte sie nur ein Ziel: Schottlands beste Bagel zu servieren. Sie und ihr Team haben diese Mission erfüllt: Die im Holzofen gebackenen Bagel sind ein köstlicher Snack, und bei den Füllungen ist für jeden – ob Veganer, Vegetarier oder Fleischliebhaber – etwas Köstliches dabei. Eine weitere Filiale finden Sie in Portobello, wo man seinen Bagel bei einem Strandspaziergang genießen kann, und seit Neuestem gibt es auch eine im West End (Infos auf der Website).

188 CLARK'S BAKERY

Adressen für NASCHKATZEN

190 **OVER LANGSHAW ICE CREAM**
Grassmarket
(Polizei-Notrufzelle)
Edinburgh
EH1 2AW
+44 (0)1896 860 687
(Molkerei)
overlangshawfarm.co.uk

Nicht nur an heißen Tagen ist diese zur Eisdiele umfunktionierte Polizei-Notrufzelle im Herzen des Grassmarket einen Besuch wert. Holen Sie sich ein Eis und beobachten sie das Treiben an einem der schönsten Plätze Edinburghs. Das Eis stammt aus der Molkerei Over Langshaw Farmhouse, die ihren Strom von einer eigenen Turbine namens »Winifred« bezieht, und enthält nur vor Ort angebaute Früchte. Veganer sollten unbedingt das Stachelbeersorbet probieren. Viel schöner, als bei Mary's Milk Bar in der Schlange zu stehen!

190 OVER LANGSHAW ICE CREAM

191 TANTRUM DOUGHNUTS

27 Old Dumbarton Road
Glasgow
G3 8RD
+44 (0)141 339 9319
tantrumdoughnuts.com

Heutzutage schießen in Glasgow die Donutläden ja wie Pilze aus dem Boden, doch dieser ist einen Besuch wert. Der Teig für die handgemachten Donuts ruht etwa 16 Stunden lang und kann so sein volles Aroma entfalten. Zucker hat in der Geschichte Glasgows eine große und nicht unproblematische Rolle gespielt, doch hier können Sie ihn ganz unbeschwert genießen. Auch die hausgemachten Marshmallows sind Pflicht.

192 BAD GIRL BAKERY

Great North Road
Muir of Ord
IV6 7TP
Highlands & Inseln
+44 (0)1463 872 734

Diese großartige Konditorei und Bäckerei in den Forbes Buildings in der Kleinstadt Muir of Ord, etwas über 14 km westlich von Inverness, ist erfrischend modern. Ob süß oder salzig – es wäre eine Sünde, sich hier nicht ein Gebäck zu gönnen.

193 THE PARLOUR

Shore Road
Brodick, Isle of Arran
KA27 8AJ
Argyll & Bute
+44 (0)1770 303 823

The Parlour ist eine willkommene Ergänzung des gastronomischen Angebots auf Arran. Hausgemachte Pizzen in vielen Variationen mit Zutaten von regionalen Anbietern wie The Arran Butcher, Island Cheese Company und Wooleys of Arran. Wein- und Bierausschank. Außerdem gibt es leckeres Eis in vielen Sorten, das wahlweise in der Waffel oder im Becher serviert wird.

194 MACKIE'S 19.2

7 Marischal Square
Aberdeen
AB10 1BL
Nordosten
+44 (0)1224 518 252
mackies.co.uk

In der Tiefkühlabteilung der meisten Supermärkte Schottlands findet man das Speiseeis von Mackie's of Scotland in seiner unverwechselbaren blau-gelben Packung. Jetzt hat dieser für seine Eiskreationen berühmte Hersteller aus Aberdeen seine erste Eisdiele eröffnet – und sie ist auf jeden Fall einen Besuch wert! Zu den vielen Geschmacksrichtungen gehört auch die berühmt-berüchtigte Sorte Haggis mit bitterer Orangenmarmelade! *Affa fine*, wie der Schotte sagt, wenn er etwas ganz ausgezeichnet findet.

Empfehlenswerte

FISCHRESTAURANTS

195 **GILLE BRIGHDE RESTAURANT**
Lower Diabaig
IV22 2HE
Highlands & Inseln
+44 (0)1445 790 245
gille-brighde.com

Dieses Lokal in einem alten Schulgebäude inmitten der atemberaubenden Landschaft um den Loch Torridon führt nur besten frischen Fisch und Meeresfrüchte. Hier erleben Sie die sprichwörtliche Gastfreundschaft der Highlands. Von Ostern bis Ende Oktober unregelmäßig geöffnet, reservieren Sie per Telefon im Voraus.

195 GILLE BRIGHDE RESTAURANT

196 **THE OYSTER-CATCHER**
Otter Ferry,
Tighnabruaich
PA21 2DH
Argyll & Bute
+44 (0)1700 821 229
theoystercatcher.co.uk

Am Ende eines langen und kurvigen Sträßchens wartet The Oystercatcher auf Sie. Der schöne Steg lädt im Sommer zum Schwimmen und Sonnenbaden ein. Das Gebäude selbst ist eher unspektakulär, der Innenraum dagegen wurde von Chloe und Dave wunderschön im Pubstil mit Landhausmöbeln und Holzvertäfelungen eingerichtet. Auf der Speisekarte stehen viele hervorragende Fischgerichte, Burger, Vegetarisches und Ballimore-Austern aus dem Loch Fyne in unmittelbarer Nähe des Restaurants. Leckere hausgemachte Backwaren und eine interessante Auswahl an schottischem Craft Beer. Der Stolz des Hauses sind die Ginvarianten in limitierter Abfüllung in Kombination mit hochwertigen, in Kleinbetrieben hergestellten Tonicwatersorten. Wenn Sie in der Nähe übernachten wollen, empfiehlt man Ihnen gerne eine Unterkunft. Unbedingt einen Umweg wert!

196 THE OYSTERCATCHER

197 **THE SHIELDAIG BAR & COASTAL KITCHEN**
Shieldaig
IV54 8XN
Highlands & Inseln
+44 (0)1520 755 251
shieldaigbarcoastal kitchen.co.uk

Der Ausblick auf den Loch Torridon von der Terrasse dieses Lokals zählt wohl zu den schönsten Panoramen Schottlands. Hier sollten Sie sich unbedingt Meeresfrüchte aus der Gegend oder eine Holzofenpizza gönnen und die Seele baumeln lassen. Es gibt Fassbier von der örtlichen An Teallach Brewery, und auch sonst ist die kleine Bar überraschend gut bestückt. Besonders unterhaltsam ist der Folkmusicabend am Samstag. In der Hauptsaison ist eine Reservierung empfehlenswert.

197 AUSSICHT VON THE SHIELDAIG BAR & COASTAL KITCHEN

198 THE APPLECROSS INN

Shore St
Applecross
IV54 8LR
Highlands & Inseln
+44 (0)1520 744 262
applecross.uk.com/inn

Wenn Sie vom spektakulären Gebirgspass Bealach na Ba herunterkommen, biegen Sie links zum bekannten Applecross Inn ab. Von dessen Außenbereich hat man einen herrlichen Blick über das Meer bis nach Raasay und zur Isle of Skye. Der aufmerksame Beobachter entdeckt vielleicht sogar ein U-Boot in der Ferne. Meeresfrüchte sind die Spezialität dieses Lokals, aber es gibt auch andere traditionelle schottische Gerichte in riesigen Portionen, dazu eine große Auswahl an Real Ale, Whisky und Gin. Sehr beliebt zur Hauptsaison – wer nicht warten möchte, kann in dem altmodischen, zum Restaurant gehörigen Food Truck »The Inn-side out« die Fish & Chips probieren. Kostenfreies WLAN, denken Sie an eine kleine Spende.

198 THE APPLECROSS INN

HAFENLOKALE

199 CAFÉ CA'DORA

Harbour St
Tarbert
PA29 6UD
Argyll & Bute
+44 (0)1880 820 258

Dieses mitten im malerischen Hafen des hübschen Örtchens Tabert gelegene Café serviert schottische Imbissklassiker vom Frühstücksbrötchen über Panini bis hin zu Meeresfrüchten. Einfach, aber gut.

200 CAFE FISH

The Pier
Main St
Tobermory,
Isle of Mull
PA75 6NU
Argyll & Bute
+44 (0)1688 301 253
thecafefish.com

Welches Fischrestaurant kann schon von sich behaupten, dass es ein eigenes Fischerboot besitzt – und noch dazu eines, das »Highlander« heißt! Was auf der Speisekarte steht, entscheidet sich um 16 Uhr, wenn der frische Fang im Hafen eintrifft. Vom Obergeschoss aus hat man einen faszinierenden Ausblick auf die Tobermory Bay. Viele leckere Gerichte, Pflicht sind die vor der Insel gefangenen Croig-Austern und Jakobsmuscheln. Von März bis Oktober geöffnet, Reservierung erforderlich.

201 THE BOATHOUSE

Isle of Ulva
PA73 6LZ
Argyll & Bute
+44 (0)1688 500 241
theboathouse ulva.co.uk

Wer gerne Inselhopping betreibt, sollte auch die Insel Ulva direkt vor der Küste von Mull besuchen. Das Boathouse befindet sich an der Fähranlegestelle, man kann es also gar nicht verfehlen. Hier werden keine Mühen gescheut und alles mit größter Sorgfalt zubereitet. Die Austern aus regionaler Leinenkultivierung und der mit dem Fischerboot der Wirtsfamilie gefangene Hummer machen Ihren Besuch auf dem Eiland unvergesslich.

202 STARFISH RESTAURANT

Castle St
Tarbert
PA29 6UH
Argyll & Bute
+44 (0)1880 820 733
starfishtarbert.com

Mit seinen weiß getünchten Wänden und den leuchtend blauen Fensterläden würde das Restaurant auch gut ans Mittelmeer passen. Auf der Speisekarte stehen vor Ort gefangene Fische und Meeresfrüchte – immerhin ist der Hafen von Tarbert nur einen Steinwurf entfernt. Zum Essen empfiehlt die Belegschaft gerne die passende Getränkebegleitung von der umfangreichen Weinkarte. Reservierung empfohlen, während der Wintermonate geschlossen.

VEGETARISCHE *und* VEGANE *Restaurants*

203 **HARMONIUM**
60 Henderson St
Leith
EH6 6DE
Edinburgh
+44 (0)131 555 3160
harmoniumbar.co.uk

Große Erwartungen ruhten auf diesem strikt veganen Restaurant in Leith, und sie wurden nicht enttäuscht. Die vom Team des beliebten Mono in Glasgow zusammengestellte abwechslungsreiche Speisekarte hat vom »saftigen Viertelpfünder« (ein Seitan-Burger) über leckere Pasta bis hin zur Steinofenpizza alles Mögliche zu bieten, dazu gibt es eine tolle Auswahl an Craft Beer, eine komplett vegane Weinkarte und ausgezeichnete Tagescocktails. Ein unvergesslicher Abend ohne jegliche Tierprodukte in historischem Ambiente zu bezahlbaren Preisen.

204 **THE HUG AND PINT**
171 Great
Western Road
Glasgow
G4 9AW
+44 (0)141 331 1901
thehugandpint.com

Pub, großartiges veganes Essen und Livemusik … Leute, was wollt ihr mehr? Dieses gemütliche Lokal ist genau das Richtige für alle, die gesunde, asiatisch angehauchte Küche in einem coolen, aber nicht gezwungenen Ambiente genießen wollen. Es gibt keine feste Speisekarte, man darf also immer auf interessante Neuheiten gespannt sein. Dazu eine ordentliche Craft-Beer-Auswahl und an vielen Abenden gute Livemusik.

205 MONO

12 King's Court
Glasgow
G1 5RB
+44 (0)141 553 2400
monocafebar.com

Das Mono setzt Maßstäbe für vegane Restaurants in Glasgow. Das offene und gemütliche alternative Lokal mit Bar und Livemusik ist Garant für einen unvergesslichen Abend. Die hohen Decken sorgen für eine gute Akustik, und im angeschlossenen Indie-Plattenladen kann man sich den Soundtrack zu seinem Abendessen besorgen. Das vegane Tofu-Fish & Chips ist einfach göttlich, und auch sonst ist von Pizzas über Currys bis zu Burgern für jeden Geschmack etwas dabei. Exzellente Getränkeauswahl, darunter auch viel Craft Beer und Biowein. Hipster? Vielleicht. Lecker? Auf jeden Fall.

206 THE WILDCAT

21 High St
Fort William
PH33 6DH
Highlands & Inseln
+44 (0)1397 698 856

Eine Offenbarung für alle Veganer, die die Highlands besuchen oder dort wohnen. Dieses Café in der High Street von Fort William arbeitet ausschließlich mit hochwertigen, nachhaltig produzierten Zutaten. Große Fenster, hohe Decken und ein ausgefallenes Interieur sorgen für gute Stimmung. Der Kaffee ist exzellent, das Teeangebot riesig. Es gibt nur vegane Milch – wenn Sie damit nicht vertraut sind, beraten Sie die Mitarbeiter gerne. Dazu gibt es herzhafte Suppen, die einen nach einer morgendlichen Wanderung wieder zu Kräften bringen, und viele andere Gerichte. Eines der besten Restaurants der Stadt – lassen Sie sich nicht davon abschrecken, dass es sich hier um ein zu hundert Prozent veganes Lokal handelt. Im zugehörigen plastikfreien Bioladen kann man ohne Gewissensbisse einkaufen, für einen Kaffee to go müssen Sie ein wiederverwendbares Behältnis mitbringen – Pappbecher gibt es hier nicht.

207 **PILLARS OF HERCULES**

Falkland
KY15 7AD
Zentralschottland
+44 (0)1337 857 749
pillars.co.uk

Dieser 1983 gegründete Biobauernhof mit angeschlossenem Laden und Café hat sich ethisches Handeln auf die Fahne geschrieben. Die Philosophie dahinter lautet, hochwertige Erzeugnisse mit minimaler Auswirkung auf die Umwelt zu produzieren. Bei vegetarischen und veganen Gerichten kann man sich von der Qualität der Zutaten überzeugen. Der Kaffee ist exzellent, und an sonnigen Tagen genießen Sie ihn am besten im großen Außenbereich. Campingmöglichkeiten.

PUBS *mit leckerem Essen*

208 **THE ROSELEAF**
23-24 Sandport Place
Leith
EH6 6EW
Edinburgh
+44 (0)131 476 5268
roseleaf.co.uk

Ein gemütliches, entspanntes und etwas exzentrisches Pub an den Ufern des Leith. Überall hängen alle möglichen Hüte, die Sie spaßeshalber anprobieren können, während Sie die von Jonny und seinem charmanten Team servierten »Pot-Tails« (Cocktails in Teekannen und Omas bestem Porzellan) schlürfen. Dazu gibt es klassische britische Pubkost vom Feinsten. Wenn Sie es etwas lebhafter bevorzugen, nehmen Sie an der Bar Platz. Auf keinen Fall sollten Sie den leckeren Brunch verpassen – wie wäre es dazu mit einer Bloody Mary, um den Whisky-Kater von letzter Nacht etwas zu lindern?

209 **THE SCRAN & SCALLIE**
1 Comely Bank Road
Stockbridge
EH4 1DR
Edinburgh
+44 (0)131 332 6281
scranandscallie.com

Sozusagen eine Kombination aus Pub und Luxusrestaurant, gegründet von den mit einem Michelin-Stern ausgezeichneten Köchen Tom Kitchin und Dominic Jack. Hier gibt es Klassiker wie Bone Marrow Steak Pie, Lammkeule oder einen fantastischen Sunday Roast, dazu eine große Auswahl an saisonalen Cocktails, Craft Beer und traditionellen Pubgetränken. Geschmackvoll mit Tartan- und Tweedstoffen eingerichtet.

210 THE COURIE INN
Main St
Killin, Perthshire
FK21 8UT
Loch Lomond &
Die Trossachs
+44 (0)1567 831 000
thecourieinn.com

Hier wird jeder mit offenen Armen empfangen. Im Courie Inn in der Nähe der berühmten Falls of Dochart kann man gut essen, übernachten und bei einem Drink die Aussicht über den Loch Tay genießen. Die authentische schottische Küche wird sowohl in der Lounge als auch im Bistro serviert, in Letzterem sollte man reservieren. Geschmackvoll eingerichtete Zimmer, in denen man sich nach einem Tag voller Abenteuer wunderbar ausruhen kann.

211 THE DORES INN
B862
Dores
IV2 6TR
Highlands & Inseln
+44 (0)1463 751 203
thedoresinn.co.uk

Traditionelles, charmantes Pub mit Restaurant am Südufer des Loch Ness. Im Sommer kann man auf den um das Lokal verstreuten Picknickbänken oder gleich am Ufer des Loch Sonne tanken. Gratis-Shuttlebus in einem Umkreis von etwa 15 km (bitte reservieren). Schottische Hausmannskost. Im Winter eingeschränkte Öffnungszeiten.

211 THE DORES INN

212 THE COBBLES

7 Bowmont St
Kelso
TD5 7JH
Scottish Borders
+44 (0)1573 223 548
thecobbleskelso.co.uk

Dieses etwas abseits der Hauptstraße versteckte alte Inn erfüllt alle Erwartungen an ein Pub: Essen und Trinken in entspannter Atmosphäre. Erstklassige Pubgerichte und regionale Biere, von denen das Tempest Brewing besonders zu empfehlen ist. Am Freitag finden die Kelso Folk Sessions mit Livemusik statt.

214 THE OLD BRIDGE INN

213 THE STEAMBOAT INN

Carsethorn
Dumfries
DG2 8DS
Süden
+44 (0)1387 880 631

Dieses Pub liegt an der idyllischen Küste von Solway, die sich durch ein ganz eigenes Mikroklima auszeichnet, und ist mit Schätzen und Erinnerungsstücken vollgestopft wie Aladins Höhle. Regionale Zutaten und großzügige Portionen. Je nach Wetter wird man im Biergarten oder an einem prasselnden Feuerchen willkommen geheißen. Grill- und Räucherspezialitäten.

214 THE OLD BRIDGE INN

Dalfaber Road
Aviemore
PH22 1PU
Highlands & Inseln
+44 (0)1479 811 137
oldbridgeinn.co.uk

Das Lieblingspub der Autorin (man entschuldige also die leichte Voreingenommenheit). Hier sind alle Zutaten für einen schönen Abend versammelt: saisonale, köstliche und hochwertige Gerichte, leckeres Guinness, und nicht zuletzt mischt Scott Cocktails, die den Vergleich mit einer schicken Großstadtbar nicht scheuen müssen. Außenbereich mit Blick auf den River Spey und Liveauftritte der besten Folkmusiker und DJs, die Schottland zu bieten hat. Bei Einheimischen wie Touristen gleichermaßen beliebt – wenn Sie zu Abend essen wollen, sollten Sie vorher reservieren, um Enttäuschungen zu vermeiden. Hunde erlaubt.

Erste Wahl für **FOODIES**

215 **GARDENER'S COTTAGE**
ROYAL TERRACE GARDENS
1 London Road
Edinburgh
EH7 5DX
+44 (0)131 677 0244
thegardeners cottage.co

Wie der Name schon sagt, handelt es sich hierbei um ein 1836 errichtetes ehemaliges Gärtnerhäuschen mitten in den Royal Terrace Gardens. Auf dem Weg dorthin kann man die Gemüse- und Kräuterbeete bewundern, aus denen die Köche die Zutaten für ihre exzellenten Gerichte beziehen. Nachhaltigkeit, Qualität und Regionalität werden hier großgeschrieben – und das zahlt sich auf alle Fälle aus. Auch die Cocktailkarte ist bemerkenswert. Das Essen am Gemeinschaftstisch ist nicht jedermanns Sache, aber wer aufgeschlossen ist und nichts dagegen hat, beim Essen neue Bekanntschaften zu schließen, kann hier einen wirklich fantastischen Abend verbringen.

216 **NUMBER 16**
16 Byres Road
Glasgow
G11 5JY
+44 (0)141 339 2544
number16.co.uk

Europäische trifft schottische Kochkunst: Die Köche verstehen ihr Handwerk und legen großen Wert auf eine hervorragende Präsentation. Moderne, stylishe Einrichtung, und durch ein Zwischengeschoss wird der wenige Platz geschickt genutzt. Mittag- und Abendessen, ideal für ein romantisches Rendezvous. Eine Reservierung wird empfohlen.

215 GARDENER'S COTTAGE

217 **THE KILBERRY INN**
Kilberry
PA29 6YD
Argyll & Bute
+44 (0)1880 770 223
kilberryinn.com

Dieses Restaurant in einem für die schottische Westküste typischen malerischen Bauernhaus mit weißen Steinwänden und rotem Dach wurde wegen seines anspruchsvollen Angebots zum fairen Preis mit dem Michelin Bib Gourmand ausgezeichnet. Es lohnt sich also, einen Abstecher dorthin zu machen und zum Beispiel die hausgeräucherten Spezialitäten zu kosten. Übernachten kann man in fünf nach Inseln der Umgebung benannten, stylishen Zimmern. Die Gastgeber Claire und David haben das Lokal mit Natursteinwänden, einer offenen Feuerstelle und alten Holzbalken wunderschön eingerichtet. Für ein unvergessliches Erlebnis gönnt man sich am besten gleich Abendessen, Übernachtung und Frühstück. Reservierung erforderlich.

218 **SIX BY NICO**
1132 Argyle St
Glasgow
G3 8TD
+44 (0)141 334 5661
sixbynico.co.uk

Raffiniertes und witziges Restaurant mit einzigartigem Konzept: Das Motto des sechsgängigen Degustationsmenüs ändert sich alle sechs Wochen. Unter anderem waren die Siebzigerjahre, Mexiko, die Kindheit und der Wald bereits Thema. Nico und seinem Team gelingt es jedes Mal auf faszinierende Weise, das Motto auch wirklich in jedem Gang kulinarisch umzusetzen. Machen Sie sich auf eine Überraschung gefasst!

219 **FIVE MARCH**
140 Elderslie St
Glasgow
G3 7QF
+44 (0)141 573 1400
fivemarch.co.uk

Auf dieser Speisekarte werden Sie garantiert keine 08/15-Gerichte finden. Die vielen Zutaten werden auf köstlichste Weise kombiniert und wunderschön angerichtet: ein Fest für alle Sinne! Dazu gibt es innovative Cocktails. Auf keinen Fall verpassen.

220 THE HOEBRIDGE

Hoebridge Road
East
Gattonside
TD6 9LZ
Scottish Borders
+44 (0)1896 823 082
thehoebridge.com

Der elegante Gastraum wird Sie sofort verzaubern. Vor den blütenweißen Wänden, Bögen und Balken kommen die Einrichtungsgegenstände erst so richtig zur Geltung. Alles ist durchdacht, köstlich und appetitlich angerichtet – Sie werden ganz sicher wiederkommen. Die Cocktailkarte mit ihren vielen Klassikern wird jedem Anspruch gerecht. An schönen Tagen sitzt man im restauranteigenen Garten.

221 THE KALE YARD

BOATH HOUSE
Nairn
IV12 5TE
Highlands & Inseln
+44 (0)1667 452 233
boath-house.com/the-kale-yard

Das erst vor Kurzem eröffnete Kale Yard befindet sich in einem eleganten, modernen Gebäude inmitten der Gärten des schon lange als Top-Restaurant bekannten Boath House. Hier kann man in entspannter und zwangloserer Atmosphäre speisen, ohne Abstriche bei der Qualität in Kauf nehmen zu müssen. Italienisch wird es donnerstags mit Pasta und freitags und samstags mit fantastischer Pizza aus dem Holzofen. Lassen Sie sich im Außenbereich von der Atmosphäre des Gartens verzaubern.

222 THE CAPON TREE TOWN HOUSE

61-63 High St
Jedburgh
TD8 6DQ
Scottish Borders
+44 (0)1835 869 596
thecapontree.com

Dieser Teil Schottlands wird oft zu Unrecht links liegen gelassen, dabei lohnt sich eine Erkundung durchaus. Das Boutiquehotel wurde 2018 für seine modernen, saisonalen Gerichte zum besten französischen Restaurant Schottlands gekürt. Die petrolfarbenen Wände bilden einen schönen Kontrast zu den weißen Tischdecken. Leichte Mahlzeiten schon ab 14 Uhr.

223 INVER

Strathlachlan,
Strachur
PA27 8BU
Argyll & Bute
+44 (0)1369 860 537
inverrestaurant.co.uk

Die ungekünstelte Fröhlichkeit der Köchin Pam ist einfach ansteckend und spiegelt sich auch in den Gerichten wider. Man muss kein Restaurantkritiker sein, um die Qualität der Zutaten und die Sorgfalt, mit der sie zubereitet werden, würdigen zu können. Entspannte Atmosphäre mit Blick auf Old Lachlan Castle. Krönen Sie Ihren Ausflug mit einer Übernachtung in einem Bothy (einer kleinen Hütte) mit eigenem Badezimmer.

223 **INVER**

224 **THE WALNUT**
9 Croall Place
Edinburgh
EH7 4LT
+44 (0)131 281 1236

In diesem Lokal auf dem Leith Walk schmeckt's noch besser als bei Muttern. Viel besser, so sollte Bistro-Essen immer sein. Lassen Sie sich nicht von der wenig spektakulären Einrichtung abschrecken, das Essen ist dafür umso schmackhafter. Bei der Ankunft lohnt ein Blick auf die große schwarze Tafel mit der Speisekarte, denn hier gibt es täglich Neues zu entdecken – den Sunday Roast (Sonntagsbraten) sollten Sie sich zum Beispiel nicht entgehen lassen. Gegen ein kleines Korkengeld darf man auch sein eigenes Bier mitbringen. Unschlagbares Preis-Leistungs-Verhältnis, aber nur wenige Tische, daher unbedingt reservieren.

225 **THE SAND DOLLAR CAFE & BISTRO**
2 Beach Esplanade
Aberdeen
AB24 5NS
Nordosten
+44 (0)1224 572 288

Das direkt an der Strandpromenade gelegene Bistro ist ideal zum Frühstücken (von 7 bis 14 Uhr), Mittagessen und – wenn man zur rechten Zeit kommt – Abendessen, denn von Donnerstag bis Sonntag verwandelt sich dieses gemütliche Café in ein klassisches Strandlokal mit weißen Tischdecken, Kerzen und Gerichten aus regionalen Zutaten. Entspannen Sie und genießen Sie Ihr Mahl.

226 **BUCHANAN BISTRO**
WOODEND BARN
Banchory
AB31 5QA
Nordosten
+44 (0)1330 826 530
buchananfood.com

Innovative und nachhaltige Küche direkt neben dem Kulturzentrum. Die Zutaten sind teilweise selbst angebaut, eingelegt und geräuchert wird vor Ort. Tolle vegetarische, vegane und glutenfreie Gerichte, das kundige Personal hilft gern bei der Auswahl. Tagsüber sorgen die deckenhohen Fenster und abends die Lichterketten für Gemütlichkeit im geräumigen Gastraum. Ein Muss, wenn Sie in der Nähe von Banchory sind.

227 **GORDON CASTLE CAFE**
Fochabers
IV32 7PQ
Norden
+44 (0)1343 820 244
gordoncastle.co.uk

Das Gordon Castle hat viel zu bieten: Der Garten glänzt nach seiner Wiederherstellung wieder in alter Pracht wie einst im 15. Jh. Nach dem Motto »pflanzen, pflücken und servieren« kommen saisonale Gerichte mit frischen Zutaten aus eigenem Anbau auf den Tisch. Außerdem wird hier Gin der eigenen Marke Gordon Castle gebrannt. Und einen Kinderspielplatz gibt es auch … Perfekt!

228 **CAFE LEPHIN**
2 Lephin
Glendale,
Isle of Skye
IV55 8WJ
Highlands & Inseln
+44 (0)1470 511 465
cafelephin.co.uk

Entzückender kleiner Familienbetrieb am Weg zum Neist-Point-Leuchtturm in Glendale. Fantastischer Kaffee, Selbstgebackenes und kleine Gerichte. Und wenn Sie noch auf der Suche nach einem schönen Mitbringsel sind: Die ausgestellten Werke örtlicher Künstler und Kunsthandwerker sind allesamt käuflich zu erwerben.

Ideal für INSTAGRAM

229 **CAFE STRANGE BREW**
1082 Pollokshaws Road
Glasgow
G41 3XA
+44 (0)141 440 7290

Hipster, aufgepasst! Was Laurie und ihr Team in Sachen Brunch und Kaffee hier in der angesagten Southside von Glasgow auf die Beine stellen, ist allemal einen Instagram-Post wert. Sehr beliebt, daher sollte man sich besonders am Wochenende auf eine längere Wartezeit einstellen. Das Brunch-Menü ist international, die Zutaten regional und nur vom Besten. Besonders zu empfehlen sind die Türkischen Eier mit Knoblauchjoghurt und Granatapfel oder die gebackenen Eier mit Lachs und Spargel. Die Fliesenwände sind eine Hommage an die Wärme und Gemütlichkeit der klassischen Glasgower Mietshausarchitektur.

230 **SIMPSONS CAFE**
27 Exchange St
Dundee
DD1 3DJ
Nordosten
+44 (0)1382 203 950
simpsonscafe.co.uk

In diesem trendigen, unkomplizierten Café gibt es Frühstück, Brunch, Mittagessen und Kaffee. Mit seinen Glühbirnenlüstern, moosgrünen Fliesen und knallbunten Tapeten hat es seinen ganz besonderen Reiz. Das von drei Generationen der Familie Simpson geführte Lokal setzt auf Fairness und Nachhaltigkeit, sogar der Kaffeesatz wird als Dünger auf Großpapa Bills Gemüsebeeten verwendet. Farbenfroh angerichtete Speisen, beim Brunch in kleinen Pfännchen serviert. Versuchen Sie das »BMBLT«-Sandwich mit Puddledub-Speck, selbst gezogenen Bloody-Mary-Tomaten, Rucola und hausgemachter Chipotle-Chili-Mayonnaise.

231 **FOODSTORY**

13-15 Thistle St
Aberdeen
AB10 1XZ
Nordosten
foodstorycafe.co.uk

Hier zählt der Gemeinschaftsgedanke. Dieses Café wurde 2013 nach einer erfolgreichen Kickstarter-Kampagne gegründet und hat viel mehr zu bieten als Kaffee und Kuchen, zum Beispiel den zugehörigen verpackungsfreien Laden. Und dass man sich hier der Nachhaltigkeit verpflichtet hat, nimmt nirgends missionarische Züge an. Ein Großteil der Einrichtung besteht aus Secondhandmöbeln, was für eine gewisse »Do it yourself«-Atmosphäre sorgt, zu der auch die Speisekarte passt: Ganz im Sinne der Umwelt wird hier mit gesunden, regionalen und hauptsächlich vegetarischen Zutaten gekocht. Und der Kaffee ist auch gut.

231 **FOODSTORY**

TRINKEN

TEEHÄUSER

232 TCHAI-OVNA
42 Otago Lane
Glasgow
G12 8PB
+44 (0)141 357 4524
tchaiovna.com

Fachgeschäft mit über hundert Teesorten in einer kleinen Gasse in der Nähe der Kelvinbridge Station. Das alte Stallgebäude wurde sorgsam in ein echtes Teehaus mit exotischer Atmosphäre verwandelt. Die rein vegetarischen und veganen Gerichte werden mit regionalen Zutaten zubereitet. Alkoholische Getränke sucht man allerdings vergebens. Bei Studenten sehr beliebt, da hier des Öfteren Theateraufführungen, Vorträge oder Kunstausstellungen stattfinden.

232 TCHAI-OVNA

233 **THE HIDDEN LANE TEA ROOM**
1103 Argyle St
Finnieston
G3 8ND
Glasgow
+44 (0)141 237 4391
hiddenlane tearoom.com

Kleine, aber helle Teestube in der Künstlergemeinschaft Hidden Lane (Unit 8) in Finnieston. Der Vintage-Stil und das bunt zusammengewürfelte Porzellan versprechen eine ganz besondere Teestunde. Der Imbiss zur *tea time* wird ganz traditionell auf einer Etagere gereicht.

234 **MUNEROY TEAROOM**
Southend,
Campbeltown
PA28 6RW
Argyll & Bute
+44 (0)1586 830 221
muneroy.co.uk

Ein Kleinod ganz in der Nähe des Dunaverty Beach in Southend auf der Kintyre-Halbinsel. Schauen Sie unbedingt vorbei, wenn Sie in der Nähe sind. In dem charmanten, heimeligen Café in einem in den Vierzigerjahren errichteten Gebäude fühlt man sich sofort wie zu Hause. Doch zugegebenermaßen kommt man weder wegen der traditionellen, herzhaften Hausmannskost noch wegen der leckeren Sandwiches hierher – sondern wegen des Kuchens und Gebäcks, die zu den besten des Landes gehören. Wer Kalorien zählt, ist hier fehl am Platze: Die Portionen sind riesig (insbesondere die Baisers haben unglaubliche Dimensionen). So sieht echte schottische Gastfreundschaft aus.

235 **PORTSOY COFFEE SHOP & BISTRO**

2 South High St
Portsoy
AB45 2NT
Norden
+44 (0)1261 842 804

Dieses hübsche Café liegt etwas versteckt, doch die Suche lohnt sich. Egal, ob pikant oder süß – hier ist alles handgemacht. Und das freundliche Personal sorgt für eine ganz besonders nette und gemütliche Atmosphäre, hier wird man mit offenen Armen empfangen.

Richtig guter KAFFEE

236 **LITTLE FITZROY COFFEE**
46 Easter Road
Edinburgh
EH7 5PJ
+44 (0)131 659 5161
littlefitzroy.coffee

Ein Neuzugang in Edinburghs Kaffee-Szene. Catherine und Lychee sind immer bemüht, Ihnen den Aufenthalt so angenehm wie möglich zu machen. Die gebürtige Australierin Catherine kennt sich in ihrem Handwerk aus und wird Ihnen gerne den richtigen Kaffee empfehlen. Ab 7 Uhr geöffnet, also auch für Pendler und Frühaufsteher geeignet.

237 **WILLIAMS & JOHNSON COFFEE CO.**
3 Waverley Bridge
Edinburgh
EH1 1BQ
+44 (0)7542 974 642
williamsand johnson.com

Einer der besten – wenn nicht sogar der beste – Kaffee in Edinburgh. Geröstet wird im Stammhaus an der Custom Wharf in Leith, dort finden auch regelmäßig Kreativveranstaltungen statt. Wer keine Zeit für einen Abstecher dorthin hat, kann sich auch in der Filiale im Waverley Store in der Princes Street einen Kaffee holen.

238 CAIRNGORM COFFEE

41A Frederick St
Edinburgh
EH2 1EP
+44 (0)131 629 1420
cairngormcoffee.com

Der nach der schottischen Berggruppe benannte Kaffee wird in den Highlands geröstet. Halten Sie die Augen offen, denn den unscheinbaren Eingang in der Frederick Street kann man leicht übersehen. Die Käsesandwiches und – natürlich – der hervorragende Kaffee sind sehr zu empfehlen.

239 STEAMPUNK COFFEE

THE WAREHOUSE
49A Kirk Ports
North Berwick
EH39 4HL
Die Lothians
+44 (0)1620 893 030
steampunk coffee.co.uk

Ein Genuss für jeden Kaffeeliebhaber. Nur Single-Origin-Kaffees aus fairem Handel, die frisch vor Ort geröstet werden. Das ehemalige Lagerhaus einer Tischlerei wurde geschmackvoll mit gemütlichem Secondhandmobiliar ausstaffiert. Besonders lustig ist das urige Fahrrad an der Wand. Man kann dem bestens ausgebildeten Personal beim Rösten zusehen und sich ausführlich beraten lassen. Nach einem Spaziergang am windgepeitschten Strand freut man sich über eine Suppe mit selbst gebackenem Biobrot, die man bei schönem Wetter auf der Terrasse genießen kann. Freitags wird Pizza aus einem alten Citroën-Lieferwagen heraus verkauft. In dem angeschlossenen Laden können sich angehende Heimbaristas mit der nötigen Ausrüstung eindecken oder einen Kurs belegen.

240 SLAUGHTERHOUSE COFFEE

Marine Terrace
North
Cromarty
IV11 8YL
Highlands & Inseln
+44 (0)7494 492 695

Auf den ersten Blick nur ein unauffälliges Häuschen gleich neben der Fähranlegestelle nach Nigg, doch der Schein trügt. Hier gibt es zu bestem Baristakaffee fantastische Brownies. Ein Hochgenuss! Und vom Außenbereich aus hat man eine tolle Aussicht auf den Cromarty Firth, in dem regelmäßig Delfine gesichtet werden.

239 STEAMPUNK COFFEE

241 **NO 1 PEEBLES ROAD**
1 Peebles Road
Innerleithen
EH44 6QX
Scottish Borders
+44 (0)1896 830 873
no1peeblesroad.coffee

Machen Sie unbedingt hier Rast, wenn Sie in Scottish Borders unterwegs sind. In gemütlicher, ländlicher Atmosphäre werden Steampunk Coffee aus North Berwick und schmackhafter Kuchen serviert. Besonders bei Fahrradfahrern beliebt – holen Sie sich hier ihren Koffeinschub, bevor Sie wieder in die Pedale treten.

242 **HABITAT CAFE**
1 The Square
Aberfeldy
PH15 2DD
Highlands & Inseln
+44 (0)1887 822 944
habitatcafe.co.uk

Das Habitat Cafe in Aberfeldy ist ein echtes Kleinod! Der Kaffee ist grandios und die Mitarbeiter bestens geschult. Dazu gibt es einfaches, immer leckeres und frisches Essen. Die Würstchen im Schlafrock begeistern auch Erwachsene, die Kuchen sowieso. Und wer etwas Stärkeres braucht, lässt sich ein 71 Brewing zapfen. Entspannung pur in gemütlicher, rustikaler Atmosphäre.

243 **EAST COFFEE COMPANY**
354 Duke St
Glasgow
G31 1RB

Hübsches kleines Café im East End von Glasgow. Die hohen Decken, die alten Tapeten und das Geschirr, in dem Essen und Getränke serviert werden, verleihen ihm die Atmosphäre eines klassischen Glasgower Wohnhauses. Kleines, aber sehr leckeres Brunch- und Mittagsmenü mit Eiern, Pfannkuchen, tollen Sandwiches, Kuchen und Gebäck.

244 **CAORA DHUBH**

Carbost,
Isle of Skye
IV47 8SR
Highlands & Inseln
+44 (0)1478 640 666
caoradhubh.com

Caora dhubh – »kuh-ra-duh« ausgesprochen – bedeutet »schwarzes Schaf« auf Gälisch. Die in diesem Treffpunkt für Kaffeeliebhaber auf der Isle of Skye verwendeten Bohnen stammen von Artisan Roast in Edinburgh. Nur zum Mitnehmen, da der Laden zu klein für Sitzplätze ist. Aber das ist nicht so schlimm, da sich gleich gegenüber die Talisker-Destillerie mit Bänken und Picknicktischen befindet, von denen man einen schönen Ausblick auf die Insel und das Wasser hat. Wer die Umwelt schonen will, bringt seinen eigenen wiederverwendbaren Kaffeebecher mit.

244 **CAORA DHUBH**

Kaffee aus der NOTRUFZELLE

245 **CHEAP SHOT COFFEE**
IN DER NÄHE VON: NICHOLSON SQUARE
Marshall St
Edinburgh
EH8 9BU

Cheap Shot Coffee ist eine kleine, charmante Oase für Kaffeeliebhaber in einer ehemaligen *police box* (Polizei-Notrufzelle). Der Inhaber, Barista und leidenschaftliche Kaffeetrinker Paddy schwört auf Williams & Johnson, eine regionale Rösterei. Gehen Sie nicht daran vorbei, ohne ein Tässchen zu probieren!

246 **THE COUNTER**
IN DER NÄHE VON: USHER HALL
Lothian Road
Edinburgh
EH1 2EA

Auch in dieser ehemaligen Polizei-Notrufzelle gleich neben der Usher Hall gibt es fantastischen Kaffee zum Mitnehmen, der sich bei den Geschäftsleuten und Büroangestellten aus dem nahe gelegenen Bankenviertel großer Beliebtheit erfreut.

Tipps für

WHISKY-LIEBHABER

247 **BALLYGRANT INN**
Ballygrant,
Isle of Islay
PA45 7QR
Argyll & Bute
+44 (0)1496 840 277
ballygrant-inn.com

Dieses Inn in Familienbesitz befindet sich nur 5 km von Port Askaig entfernt inmitten von eigenen, einen Hektar großen Ländereien. Die Insel Islay ist bekannt für ihre acht hervorragenden Whisky-Brennereien. Das bei Einheimischen als Robolls Bar bekannte Lokal hat über 400 Whiskys vorrätig. Man kann hier Billard und Dart spielen, und der Holzofen wärmt an einem typischen schottischen Regentag. Essen gibt es von 12 bis 14.30 Uhr und dann wieder von 18 bis 21 Uhr.

248 **ARDSHIEL HOTEL**
Kilkerran Road
Campbeltown
PA28 6JL
Argyll & Bute
+44 (0)1586 552 133
ardshiel.co.uk

Diese Hotelbar mit fantastischem Blick auf die Insel Davaar ist lediglich zwei Minuten zu Fuß von der Innenstadt entfernt. Sollten Sie die hervorragende Auswahl von regionalen Malt Whiskys etwas zu eifrig goutieren, können Sie sich dort praktischerweise gleich ein Zimmer nehmen. Zum Machrihanish Golf Club ist es nicht weit, dort zahlen Hotelgäste eine ermäßigte Platzgebühr.

249 **DORNOCH CASTLE HOTEL**

Castle St
Dornoch
IV25 3SD
Highlands & Inseln
+44 (0)1862 810 216
dornochcastle hotel.com

Dieses Schloss aus dem 15. Jh. war einst eine Schule, dann ein Gefängnis und ein Gericht, bevor es 1947 zu einem Hotel umfunktioniert wurde – diese wechselvolle Geschichte verleiht der Hotelbar ihren ganz eigenen Charakter. Hier kann man auch den von den Brüdern Simon und Phil Thompson in der hauseigenen Mikrobrennerei hergestellten Bio-Gin und Whisky probieren. Im Regal ist der Dornoch-Whisky leicht an den auffälligen, von der schottischen Künstlerin Katie Guthrie gestalteten Etiketten zu erkennen. Für Verkostungen bitte unbedingt reservieren.

250 **QUAICH BAR**

THE CRAIGELLACHIE HOTEL
Victoria St
Craigellachie
AB38 9SR
Norden
+44 (0)1340 881 204
craigellachie hotel.co.uk

Vor 120 Jahren am Malt Whisky Trail eröffnetes Paradies für Whisky-Liebhaber und mit über 900 Malt Whiskys eine der größten Whisky-Sammlungen Schottlands. Das kundige Personal freut sich, Anfängern wie Experten neue Geschmacksdimensionen zu eröffnen. Und obwohl auch die Cocktails nicht zu verachten sind, ist ein gepflegter Drink nicht der einzige Grund für einen Besuch: Genau wie der Whisky ist auch die Einrichtung in Würde gealtert und verleiht diesem Hotel in Speyside seinen einzigartigen Charme.

Alteingesessene **PUBS**

251 **MALT & HOPS**
45 Shore
Leith
EH6 6QU
Edinburgh
+44 (0)131 555 0083

Echt schottisches Pub ohne Chichi. Das Malt & Hops in der Altstadt von Leith ist vielleicht eines der letzten authentischen Pubs der Gegend. Gemütliche Einrichtung und eine große Auswahl an Ales und Whiskys. Im Sommer kann man hier die Abendsonne genießen, im Winter wärmt man sich am offenen Feuer.

252 **KAY'S BAR**
39 Jamaica St
Edinburgh
EH3 6HF
+44 (0)131 225 1858
kaysbar.co.uk

Dieses in einer ehemaligen georgianischen Remise untergebrachte Pub ist bei den Einheimischen sehr beliebt, doch Fraser und sein Team heißen jeden herzlich willkommen. Man fühlt sich in die viktorianische Epoche zurückversetzt – ein einmaliges Erlebnis. Und auch an der Preisgestaltung scheint die Gentrifizierung spurlos vorübergegangen zu sein: Hier gibt es leckere Pies zum fairen Preis. Nur Mittagessen.

253 PORT O' LEITH BAR

58 Constitution St
Edinburgh
EH6 6RS
+44 (0)131 555 5503

Das Port O'Leith ist eine Institution. Man bekommt unweigerlich den Eindruck, dass dieses an Geschichten und Legenden reiche Lokal schon so ziemlich alles erlebt hat. Die Ära der vormaligen Besitzerin Mary ist zwar vorbei, doch der alte Geist lebt weiter in der lauten Musik, den tollen Rum-Sorten und der Tatsache, dass großzügige 3,5 cl ausgeschenkt werden.

254 THE REGENT

2 Montrose Terrace
Edinburgh
EH7 5DL
+44 (0)131 661 8198
theregentbar.co.uk

In dieser gemütlich eingerichteten queeren Bar mit entspannter Atmosphäre sind alle willkommen. Große Auswahl an Ales, für Cider-Freunde gibt es Old Rose vom Fass. Schade, dass dieses schöne Lokal von vielen Touristen, die nach Leith, auf den Calton Hill oder zum Parlamentsgebäude unterwegs sind, übersehen wird. Halten Sie einfach nach der Regenbogenfahne Ausschau und schauen Sie mal rein.

252 KAY'S BAR

Pubs mit **LIVEMUSIK**

255 **CAPTAIN'S BAR**
4 South College St
Edinburgh
EH8 9AA
+44 (0)7493 555 702
captains edinburgh.webs.com

Ein Besuch in der Captain's Bar lohnt sich. So gut wie jeden Abend hervorragende Folkmusic, allerdings ist der Laden ziemlich klein, manchmal muss man warten, bis man einen Sitzplatz bekommt. Stöbern Sie auch in den Büchern hinten in der Bar – wenn Sie welche mitbringen, dürfen Sie andere mitnehmen.

256 **THE ROYAL OAK**
1 Infirmary St
Edinburgh
EH1 1LT
+44 (0)131 557 2976
royal-oak-folk.com

In diesem unscheinbaren, aber sehr sympathischen Pub spielen einige der besten Folkmusiker Edinburghs und ganz Schottlands – und das jeden Abend live. Mitmachen ist ausdrücklich erwünscht: Gitarren, ein Klavier und den nötigen Zuspruch in Form einer großen Bier- und Whisky-Auswahl stellt das Pub zur Verfügung. Und die Musik wird es Ihnen besonders leicht machen, in die schottische Kultur einzutauchen. Sie dürfen aber nicht beleidigt sein, wenn die Einheimischen Sie bitten, etwas leiser zu sprechen. Plaudern können Sie in jeder anderen Kneipe, hier gehört es zum guten Ton, der Musik zu lauschen und den Kellnern nicht im Weg zu stehen, wenn viel los ist. Bitte geben Sie den Musikern reichlich Trinkgeld, besonders dann, wenn Sie sich ein Lied wünschen. Schließlich sind sie keine Jukeboxen.

257 THE BEN NEVIS BAR

1147 Argyle St
Finnieston
G3 8TB
Glasgow
+44 (0)141 576 5204

Ein Stück Highland mitten im Hipsterviertel Finnieston. Gehört mit der Park Bar und dem Islay Inn zum sogenannten »Teuchter Triangle«, das allemal einen Besuch wert ist. Beeindruckende Auswahl an schottischen Whiskys und Bieren. Die Folkmusic-Sessions am Mittwoch, Donnerstag und Sonntag sind weithin bekannt, aber auch an anderen Tagen wird gerne mal Livemusik gespielt – je nachdem, welche Musiker gerade in der Stadt sind.

257 THE BEN NEVIS BAR

Schöne ZWISCHENSTOPPS

258 **THE PINE MARTEN BAR**
Glenmore,
Aviemore
PH22 1QU
Highlands & Inseln
+44 (0)1479 861 253
aviemoreski.co.uk

Wenn Sie in Richtung Loch Morlich oder zum Berg Cairn Gorm unterwegs sind, sollten Sie hier anhalten. Die kleine Bar des jungen Paars Katie und Scotty ist mit allen möglichen Wintersportgeräten dekoriert, sodass man sich wie in einer Skihütte fühlt. Große Auswahl an regionalen Bieren, Gin und Whisky, Mittagessen gibt es im Café, übernachtet wird im Baumhaus oder in einem der Glamping Pods (kleine Hütten). Im Winter kann man sich bei Snow Badger Rentals die nötige Ausrüstung leihen und die Langlaufloipen im nahe gelegenen Wald unsicher machen. Im Sommer schnappt man sich einfach ein Eis und genießt es bei fantastischer Aussicht am Strand von Loch Morlich.

259 THE WINEPORT

Cladach
Brodick,
Isle of Arran
KA27 8DE
Argyll & Bute
+44 (0)1770 302 101
wineport.co.uk

Im Wineport am Fuße des Goatfell (der höchsten Erhebung auf Arran) kann man gut vor oder nach einer Wanderung einkehren. Im großen Biergarten, in dem die Erzeugnisse örtlicher Brauereien ausgeschenkt werden, können Sie oft lange in der Sonne sitzen. Auf der Speisekarte stehen klassische Gerichte mit regionalen Zutaten. Heißer Tipp: Dienstags gibt es Hummer …

258 THE PINE MARTEN BAR

260 **FIDDLER'S**
The Village Green
Drumnadrochit
IV36 6TX
Highlands & Inseln
+44 (0)1456 450 678
fiddledrum.co.uk

Familienrestaurant am Ufer des Loch Ness. Hier ist für jeden Geschmack etwas dabei: Es gibt eine reichhaltige Whisky-Auswahl sowie einen Bierkeller, und auf den Teller kommt jeweils nur das Beste, was Schottland zu bieten hat. Im Café nebenan werden fantastische hausgemachte Kuchen und Gebäck gereicht. Auf jeden Fall einen Umweg wert.

260 FIDDLER'S

COOLE *Pubs*

261 **THE ALLISON ARMS**
720 Pollockshaws Road, Southside
Glasgow
G41 2AD
+44 (0)141 423 1661

In diesem Traditionspub von 1884 erwartet Sie herzliche Glasgower Gastfreundschaft. Spielen Sie Dart mit den Stammgästen, singen Sie samstags beim Karaoke mit oder nehmen Sie donnerstags am Pubquiz teil. Auch wenn Sie nur kurz zu Besuch sind, werden Sie verstehen, weshalb die Stadt mit dem Slogan »People Make Glasgow« wirbt.

262 **THE ROYAL DICK**
1 Summerhall
Edinburgh
EH9 1PL
+44 (0)131 560 1572
summerhall.co.uk

The Royal Dick in Summerhall, einem Kunst- und Kulturzentrum von Weltrang, war einst Teil der Royal Dick Veterinary School, was man noch an vielen Einrichtungsgegenständen sieht. Die Erzeugnisse der Pickering's Gin Distillery und der Mikrobrauerei Barney's Beer (beide ebenfalls auf dem Gelände ansässig) sind hier erhältlich, die abwechslungsreiche Speisekarte sorgt für ein unvergessliches Erlebnis. Reservierung empfohlen.

263 **REDMOND'S**
304 Duke St
Glasgow
G31 1RZ
+44 (0)141 572 5664

Im Redmond's, der Stammkneipe vieler East Ender aus Dennistoun, geht es immer recht herzlich zu. Die Fässer werden ständig durchgewechselt, damit die Bierauswahl interessant bleibt. Oder man bestellt einfach ein klassisches Tennent's, das in der Nähe gebraut wird. Die Speisekarte ist dagegen etwas exotischer: sehr empfehlenswerte Gua bao und Pizza. Tolle Plattensammlung.

264 NAUTICUS

142 Duke St
Edinburgh
EH6 8HR
+44 (0)131 629 9055
nauticusbar.co.uk

Der jüngste Neuzugang in der Pubszene von Leith ist eine echte Bereicherung. Die Speisekarte ist gleichzeitig so etwas wie eine kulinarische Geschichtsstunde der Stadt und zeugt von ihrer Verbundenheit mit dem Meer. Dunkles, aber einladendes Interieur, wo die Liebe zum Detail bei den mit Harris Tweed bezogenen Barhockern, dem Mosaik auf dem Bartresen oder der Leiter sichtbar wird, mit der man die obersten Regale erreichen kann. Stylish, aber nicht gekünstelt. Die Cocktailkarte beinhaltet viele einzigartige Whisky-Drinks, aber auch beim Gin und anderem Hochprozentigen ist man stolz darauf, nur das Beste aus Schottland anzubieten. Rendezvous-geeignet.

265 HOOT THE REDEEMER

7 Hanover St
Edinburgh
EH2 2DL
+44 (0)131 220 0310
hoottheredeemer.com

Ein kleiner, unscheinbarer Eingang führt in eine andere Welt. Sobald Sie an der Hellseherin Meg vorbei sind, die die Tür bewacht, betreten Sie ein eigenwilliges, charmantes Interieur mit alten Kino-Klappsesseln und einem Vintage-Flipper. Lassen Sie sich mit der alkoholischen Beute, die Sie aus dem Greifautomaten ergattern, einen Drink nach Ihrem Geschmack mixen. Wenn Sie auf der Suche nach leckeren Cocktails in einer ganz besonderen Atmosphäre sind Ihr Wunsch sei Ihnen erfüllt!

Pubs AM MEER

266 **TEUCHTERS LANDING**
1C Dock Place
Edinburgh
EH6 6LU
+44 (0)131 554 7427
teuchtersbar.co.uk

Diese Kneipe im Hafen von Leith ist leicht zu verfehlen, wenn man nicht weiß, in genau welcher der Kopfsteinpflastergassen sie sich versteckt. Heute gibt es in diesem ehemaligen Wartesaal für die Dampffähre nach Aberdeen über hundert Malt Whiskys, zwanzig Biere vom Fass und eine große Auswahl an schottischen Gins – Sie haben die Qual der Wahl! Außerdem eine gut sortierte Speisekarte von Makkaroni mit Käse bis hin zur luxuriösen Meeresfrüchteplatte. Am tollsten ist aber der auf einem Ponton schwimmende Biergarten. Wenn die Sonne scheint, ist richtig viel los, und hier kann man auch gut Rugby schauen. Wenn Sie Ihr Glück versuchen wollen, spielen Sie »The Hoop of Destiny« – Sie werfen einen Ring und dürfen den Whisky probieren, auf dessen Flaschenhals er landet.

267 **DRIFT INN**
Shore Road
Lamlash,
Isle of Arran
KA27 8JN
Argyll & Bute
+44 (0)1770 600 608
driftinnarran.com

Wunderschöner Biergarten mit Aussicht auf die Holy Isle. Die Fähre zur Insel legt gleich gegenüber ab, Sie können sich also ein Pint gönnen, während Sie warten. Der Schankraum ist in bester Seemannstradition eingerichtet, und wenn die schottische Mannschaft ein Rugbyspiel bestreitet, wird es hier garantiert gezeigt. Leckeres Pubessen mit regionalen Zutaten.

268 **THE MISHNISH BAR**

Tobermory,
Isle of Mull
PA75 6NU
Argyll & Bute
+44 (0)1688 302 500
themishnish.co.uk

Das Mishnish Hotel im berühmten Hafen von Tobermory mit seinen farbenfrohen Häusern öffnete 1869 seine Pforten. Im zugehörigen gemütlichen Pub kann man viele aus Schiffswracks geborgene Gegenstände bewundern. Die Weinkarte ist außerordentlich gut sortiert, und wer Fisch und Meeresfrüchte mag, kommt hier ebenfalls auf seine Kosten. Für alle anderen gibt es während der Hauptsaison italienische Gerichte. Samstags Disco.

SCHLAFEN

OFF-THE-GRID-*Refugien*

269 **DOWN ON THE FARM**
MILESTONE HOUSE
Fraserburgh
AB43 6JY
Norden
+44 (0)7954 989 737
downonthefarm.net

Down on the Farm bietet Übernachtungsmöglichkeiten in der Abgeschiedenheit einer dramatischen Klippenlandschaft: Es gibt Hobbithäuser, einen alten Eisenbahnwaggon mit Kaminofen und einen kleinen, hübsch renovierten Wohnwagen, in dem früher Erntearbeiter untergebracht waren. Hier können Sie ausspannen und in ländlicher Umgebung neue Kräfte schöpfen.

270 **SWEENEY'S BOTHY**
Isle of Eigg
PH42 4RL
Highlands & Inseln
+44 (0)1687 482 414
eiggtime.com/sweeneys-bothy

Werden Sie eins mit der Natur. Die zauberhafte Isle of Eigg nimmt eine Vorreiterrolle in Sachen Umweltschutz und Nachhaltigkeit ein. Sweeney's Bothy macht hier keine Ausnahme und demonstriert eindrucksvoll, dass größer nicht gleich besser ist. In diesem modernen, mit viel Holz eingerichteten Bothy (ein einfaches Häuschen zum Übernachten) finden Sie alles für Ihren Ausstieg auf Zeit, so etwa einen Holzofen und eine Außendusche. Fantastische Aussicht auf die Isle of Rùm.

271 **PORT A BHAIGH CAMPSITE**

Altandhu,
Achiltibuie
IV26 2YR
Highlands & Inseln
+44 (0)1854 622 339
portabhaigh.co.uk

Eine Oase der Ruhe. Dieser Campingplatz in Familienbesitz mit Aussicht auf die Summer Isles ist eines der Schmuckstücke der Coigach-Halbinsel. Er bietet Stromanschlüsse für bis zu 26 Wohnmobile und Platz für etwa fünfzig Zelte. Gepflegte sanitäre Einrichtungen, saubere Warmwasserduschen, WLAN, Waschmaschinen und Trockner, dazu ein Pub und ein Restaurant in einem Bauernhaus aus dem 19. Jh. mit der entsprechenden Einrichtung. An regnerischen Abenden sorgen ein Billardtisch und eine Jukebox für Unterhaltung. Kleine Boote und Kajaks können in dem kleinen Hafen zu Wasser gelassen werden.

271 PORT A BHAIGH CAMPSITE

272 **THE LAZY DUCK**

An der Straße von Nethy Bridge nach Tomintoul
Nethy Bridge
PH25 3ED
Highlands & Inseln
+44 (0)7846 291 154
lazyduck.co.uk

Ein umgebautes Bootshaus zwischen den alten Kiefern im kaledonischen Wald des Cairngorms National Park. Durch das beinahe 2,5 ha große Gebiet fließt der Caochan-Fhuarain-Bach, bei Badanfhuarain gibt es mehrere Ententümpel. Sie können zwischen einem Haus mit acht Betten oder drei *eco cabins* (kleine Hütten) für jeweils zwei Personen wählen. Camping ist durch die lediglich vier Plätze nur begrenzt möglich. Wettergeschützte Außenbereiche mit Grillmöglichkeit und holzbefeuerte Hot Tubs. Diese charmante Unterkunft mit frei laufenden Hühnern und anderen glücklichen Tieren ist ein verstecktes kleines Paradies.

273 **MARTHROWN OF MABIE**

Mabie Forest
Dumfries
DG2 8HB
Süden
+44 (0)1387 247 900
marthrownof mabie.com

Mitten im tiefen Mabie Forest – für alle, die es etwas rustikaler mögen. Komposttoiletten, Außenduschen und Holzkaminöfen sorgen für echte Aussteigerromantik. Man kann zwischen einem Eisenzeithaus mit 16 Betten, indianischen Tipis, einer mongolischen Jurte und einer Schlafbaracke mit 26 Betten wählen. Echte Naturburschen und -mädels lassen sich auch die finnische Sauna und die großen holzbefeuerten Hot Tubs nicht entgehen. Zelten möglich, keine Wohnmobile.

UNGEWÖHNLICHE
Übernachtungsmöglichkeiten

274 **THE BARREL B&B**
263 Pineridge
Findhorn
IV36 3TB
Norden
+44 (0)1309 691 841
bbbarrel.com

Übernachten Sie bei der Findhorn Foundation, einer spirituellen Lebensgemeinschaft, in einem hölzernen Whisky-Fass. Das Fass bietet Platz für zwei Personen, wobei die Form der Betten dem runden Grundriss folgt: ungewöhnlich, aber sehr gemütlich. Vegetarisches Bio-Frühstück inklusive. Der Findhorn Beach ist nur zehn Minuten entfernt, und in der Universal Hall gibt es jede Menge Veranstaltungen.

274 **THE BARREL B&B**

275 **THE FOUR SISTERS BOATEL**

275 **THE FOUR SISTERS BOATEL**

Lower Gilmore Bank
Edinburgh
EH3 9NY
+44 (0)7445 494 331
thefoursisters boatel.business.site

Dieses Botel, das man wohl eher in Amsterdam vermutet hätte, ist eine ebenso witzige wie einzigartige Unterkunft. Es liegt im Union Canal in der Nähe der Fountain Bridge vor Anker und bietet damit einen zentralen Ausgangspunkt zur Erkundung Edinburghs. Ausgestattet mit allem, was man zu einem entspannten Aufenthalt braucht: Küche, Wohnzimmer, Sitzbereich im Freien. Platz für bis zu vier Erwachsene und zwei Kleinkinder. Wer etwas Ausgefallenes, Einfaches und Einzigartiges sucht, ist hier richtig.

276 **THE ALEXANDRA**

ARGYLL KAYAKERS COVE
Cuan Ferry,
Isle of Seil
PA34 4RB
Argyll & Bute

110 Jahre altes ehemaliges Rettungsboot, das als Unterkunft zu neuen Ehren kommt. Es liegt in der Argyll Kayakers Cove in Cuan Ferry nahe Oban an der Stelle vor Anker, an der eine kleine Brücke die Insel mit dem Festland verbindet. Das Boot hat eine interessante Geschichte: Als es in Norfolk stationiert war, kam es 1933 bei der Rettung des 65-Tonnen-Schiffes *The Sepoy* zum Einsatz. Modern und bequem eingerichtet, Platz für sechs Personen.

277 **BORIS, THE MILITARY POD**

Kylerhea,
Isle of Skye
IV42 8NH
Highlands & Inseln
+44 (0)1599 522 270
skyejeeptours.com

In Kylerhea im Südosten der Isle of Skye bietet dieser ehemalige Militärwohnwagen namens »Boris« eine einmalige Glamping-Erfahrung. Harte Schale, weicher Kern: Unter dem Camouflage verbirgt sich eine gemütliche Unterkunft mit zwei Einzelbetten, kleiner Küche, Dusche und Toilette. Ideal als Basislager für lange Märsche durch die wunderschöne Gebirgslandschaft. Mückenschutz nicht vergessen!

GÜNSTIGE *Hostels*

278 THE BAXTER

5/2 West Register St
Edinburgh
EH2 2AA
+44 (0)131 503 1001
thebaxterhostel.com

Dieses Hostel in der Nähe der Princes Street ist nur einen Steinwurf vom Bahnhof Waverley entfernt – ideal, um ins pralle Leben der schottischen Hauptstadt einzutauchen. Die Schlafsäle sind in einem skandinavisch anmutenden Hipsterstil eingerichtet, der Platz wird optimal ausgenutzt – in einem Zimmer gibt es sogar ein dreistöckiges Bett für alle, die nicht unter Höhenangst leiden. In den Obergeschossen gemischte Schlafsäle für bis zu zwölf Personen, im Erdgeschoss ein Zimmer mit Bad für vier Personen. Eier und Toast zum Frühstück sind inklusive, im Guildford Arms im selben Gebäude kann man ein gemütliches Pint trinken.

279 MURRAY LIBRARY HOSTEL

7 Shore St
Anstruther
KY10 3EA
Zentralschottland
+44 (0)1333 311 123
murraylibrary hostel.com

Das hübsche rote Sandsteingebäude im Hafen von Anstruther ist nicht zu verfehlen. Die ehemalige Bibliothek wurde behutsam zu einem Hostel umfunktioniert, wobei viele ursprüngliche Elemente wie Böden, Fenster, die breite Treppe, die gusseisernen Heizkörper und der Mosaikboden im Eingangsbereich erhalten blieben. Einzel- und Familienzimmer, gemischte Schlafsäle für vier bis acht Personen, einladende Gemeinschaftsräume mit vielen Brettspielen. Eine einzigartige und noch dazu günstige Unterkunft.

280 **CLEIKUM MILL LODGE**

7 Cleikum Mill,
High St
Innerleithen
EH44 6QT
Scottish Borders
+44 (0)7790 592747
cleikum-mill-lodge.co.uk

Dieser 1877 errichtete Bau war schon Gericht, Kino, Exerzier- und Bingohalle. Heutzutage können Sie einzelne Zimmer oder gleich das ganze Gebäude mieten, das auf zwei Etagen Platz für zwölf Personen bietet. Das Tweed Valley gilt als eines der besten Mountainbiker-Reviere der Welt und lässt sich von Innerleithen aus optimal erkunden. Diesem Umstand trägt das Hostel mit einer Fahrradgarage, einem Trockenraum und Waschmaschinen Rechnung.

281 **KINLOCHEWE HOTEL**

A832
Kinlochewe,
Achnasheen
IV22 2PA
Highlands & Inseln
+44 (0)1445 760 253
kinlochewehotel.co.uk

Wer gerade in der Gegend ist und einen Drink oder eine Mahlzeit gebrauchen kann, sollte hier haltmachen. Auf der Speisekarte ist nur das Beste zu finden, was der Nordwesten Schottlands zu bieten hat, alles mit frischen Zutaten aus der Region von Torridon bis Gairloch zubereitet. Außerdem stehen gemütliche Doppel- und Zweibettzimmer zur Verfügung, eine preisgünstige Alternative ist der Schlafsaal. Nicht zuletzt wegen des freundlichen Service bleibt man gerne ein, zwei Nächte hier.

ROMANTISCHE *Herbergen*

282 **THE HIDEAWAY EXPERIENCE**
BALKELLO FARM
Auchterhouse
Dundee
DD3 0RA
Nordosten
+44 (0)1382 320 707
thehideaway experience.co.uk

Das Hideaway ist wie geschaffen für anspruchsvolle Turteltauben. Jede der modernen Lodges ist mit einer Sauna, einem Kaminofen, einem Grill, einer Doppelhängematte und einer eigenen Veranda mit Hot Tub ausgestattet. Genau das Richtige, wenn Sie einmal die Seele baumeln lassen oder einen besonderen Anlass feiern wollen. Und damit Sie das Liebesnest überhaupt nicht mehr verlassen müssen, gibt es auf Vorbestellung Frühstück, ein Filmabendmenü und sogar Hummer, den Sie sich selbst in der Lodge zubereiten können. Nur für Erwachsene, die lieben Kleinen müssen leider zu Hause bleiben.

283 **FONAB CASTLE HOTEL & SPA**

Foss Road
Pitlochry
PH16 5ND
Highlands & Inseln
+44 (0)1796 470 140
fonabcastlehotel.com

Dieses in der Nähe von Pitlochry am malerischen Ufer des Loch Faskally gelegene Highland-Hotel wurde ursprünglich für vermögende Portwein- und Sherryhändler errichtet und ist dementsprechend luxuriös eingerichtet. 26 schön und modern im Geist der Highlands gestaltete Zimmer, zur Entspannung dienen ein Spa, eine Sauna, ein Dampfbad und ein Swimmingpool. Das exklusive Restaurant wurde von der renommierten British Automobile Association ausgezeichnet, die Lounge-Bar ist ausnehmend gut sortiert. Für einen romantischen Kurzurlaub lässt sich kein schöneres Plätzchen finden.

284 **BARNS TOWER**

NEIDPATH CASTLE
Peebles
EH45 8NW
Scottish Borders
+44 (0)1721 720 333
neidpathcastle.com/barns-tower

Romantik pur in einem alten Festungsturm aus dem 15. Jh. Er verfügt nur über ein einziges Gästeapartment, doch das ist mit Dachschrägen, rustikaler Holzverkleidung und einer frei stehenden Badewanne mitten im Schlafzimmer ganz einzigartig eingerichtet. Für Selbstversorger, das nächste Pub und Einkaufsmöglichkeiten befinden sich im knapp 5 km entfernten Peebles.

ABGELEGENE

Selbstversorgerunterkünfte

285 **TALL PINE LODGE**
Lochloy Road
Maviston, Nairn
IV12 5LE
Highlands & Inseln
+44 (0)1309 641 093
morayfirthholiday house.co.uk

Skandinavisch anmutendes Blockhaus am Ende einer Privatstraße zwischen Forres und Nairn in der Nähe des Culbin Forest. Der offene Küchen- und Essbereich ist ebenso stylish wie gemütlich eingerichtet, zwei Schlafzimmer im Erdgeschoss und ein weiteres im Zwischengeschoss bieten Platz für insgesamt sechs Personen. Erkunden Sie die Wälder, Lochs und Strände in der Nähe – in dieser idyllischen Natur gibt es viel zu entdecken.

286 **THE GRAIN STORE**
Tomintoul,
Ballindalloch
AB37 9HL
Highlands & Inseln
+44 (0)1807 580 709
balneden steading.co.uk

Diese umgebaute Scheune liegt auf dem Glenlivet Estate im Cairngorms National Park in der Nähe von Tomintoul. Hohe Fenster sorgen für lichtdurchflutete Räume. Gutes Basislager für bis zu vier Personen direkt am Malt Whisky Trail. Auch Hunde sind willkommen.

287 **THE GREEN HOUSE**
Woodend Road
Ettrickbridge
TD7 5JJ
Scottish Borders
+44 (0)7824 776 385
hollinlee.co.uk

Todschickes, nach umweltfreundlichen Kriterien errichtetes Haus mit begrüntem Dach, Lärchenholzverkleidung und Eichenholztüren. Zwei Schlafzimmer für insgesamt vier Personen, zeitlose und doch moderne Einrichtung mit allem, was man braucht. Setzen Sie sich im Sommer auf die Terrasse, werfen Sie den Grill an und genießen Sie die Ruhe inmitten von Pferdekoppeln und Wiesen. Oder durchstreifen Sie die Wälder, Hügel und Flüsse der Umgebung. Das nächste Pub in Ettrickbridge ist nur einen fünfminutigen Spaziergang entfernt.

288 **FIDDLE HILL COTTAGE**
PRIESTRIG CROFT
Wilton
TD9 7NT
Scottish Borders
+44 (0)1450 373 424
fiddlehillcottage.com

Ideales Domizil für Pärchen weitab von jeder Menschenmenge. Das Cottage ist ein Meisterwerk des Schreinerhandwerks: Als Pfosten und Balken dienen ganze Douglasienstämme, was für eine tolle Optik sorgt. Durch die deckenhohen Glasfenster dringt viel Licht ins Haus, und bei geöffneten Terrassentüren verschwimmt die Grenze zwischen innen und außen. Man spürt sofort, wie viel Sorgfalt und Liebe in dieses Gebäude gesteckt wurde, das sich in perfektem Einklang mit seiner Umwelt befindet. Das Hauptschlafzimmer ist im Zwischengeschoss untergebracht, außerdem gibt es eine frei stehende Badewanne und einen Holzkaminofen. Gratis-Abholservice vom Bahnhof Tweedlebank und E-Bike-Verleih. Es gibt Selbstgebackenes, wenn Sie keine Lust auf Kochen haben, können Sie sich auch eine Kasserole (mit selbst gezogenem Gemüse oder Rindfleisch) bestellen, die dann im Ofen auf Sie wartet.

289 THE BROCHS OF COIGACH

191A Polbain
Achiltibuie
IV26 2YW
Highlands & Inseln
+44 (0)1854 622 368
thebrochs.co.uk

Die Architektur dieser Häuschen ist von den Rundhäusern der Eisenzeit inspiriert. Purer Luxus wartet dagegen im offenen Innenraum. Ein Holzofen, eine extratiefe Badewanne, eine Sauna und der wunderbare Ausblick auf eine der schönsten Küstenlandschaften Schottlands machen den Aufenthalt hier unvergesslich.

290 OLD MILL ON THE SPEY

HIGHLAND HIDEOUTS
Boat of Garten
PH24 3BJ
Highlands & Inseln
+44 (0)1479 810 835
highland hideouts.co.uk

Besonders für Gruppen- oder Familienreisen geeignet, hier haben bis zu 14 Personen Platz. Spektakuläre, 1720 erbaute Getreidemühle, die Anfang des 19. Jh. als Sägemühle weitergeführt wurde. Heute ist sie mit allem modernen Luxus und gemütlichen Möbeln eingerichtet. Schlafzimmer gibt es von luxuriös bis einfach. In der kleinen Fischerhütte kann man sich bei einem prasselnden Feuerchen und Brettspielen entspannen, außerdem gibt es eine Sauna, eine Hot Tub und einen schönen Ausblick auf den Spey. Was will man mehr?

Unterkünfte mit BESONDEREM AMBIENTE

291 **INSHRIACH HOUSE**
Inshriach
Aviemore
PH22 1QP
Highlands & Inseln
+44 (0)1540 651 341
inshriachhouse.com

Das ultimative Highland-Domizil im Schatten der Cairngorms, umgeben von einem 80 ha großen Wald. Die von den liebenswerten Besitzern Walter und Lizzie geführte Unterkunft hat für jeden Geschmack etwas im Angebot. Im herrschaftlichen, aber dennoch gemütlich eingerichteten edwardianischen Haupthaus haben 17 Personen Platz. Außerdem kann man zwischen einer 5-Meter-Jurte, einem umgebauten Feuerwehrwagen und einem modernen Bothy (kleines Häuschen zum Übernachten) wählen. Für hoffnungslose Romantiker empfiehlt sich die Schäferhütte mit Zugang zur Hot Tub in einem umgebauten Militärwohnwagen und der Sauna in einem ehemaligen Pferdeanhänger. Sie können im River Spey schwimmen und den Inshriach Gin probieren, der in der hauseigenen kleinen Destillerie gebrannt wird. Ein einfach großartiger, unvergesslicher Ort. Besonders spektakulär sind die Musiktage.

292 **THE DELL OF ABERNETHY**

Dell Road
Nethy Bridge
PH25 3DL
Highlands & Inseln
+44 (0)1479 821 643
thedellof abernethy.co.uk

Den Betreibern Ross und Polly ist hier etwas ganz Einzigartiges gelungen. In ruhiger Umgebung kann man herrlich relaxen und die Natur genießen. Die hübsch eingerichteten Steincottages bieten Platz für zwei bis sieben, die Hauptlodge sogar für bis zu zehn Personen – ideal für besondere Gelegenheiten oder Familientreffen. Die Freizeitmöglichkeiten sind schier grenzenlos – man kann durch die Wälder spazieren, Mountainbiken, ein Picknick veranstalten, sich in der Hängematte ausruhen und und und … Bei den Tipi-Sessions erleben Sie sorgfältig ausgewählte Livemusik bei offenem Feuer, guten Drinks und toller Stimmung. Einfach entspannend.

293 **DAIRSIE CASTLE**

Cupar
KY15 4RL
Zentralschottland
+44 (0)7734 079 401
dairsiecastle.com

Wollten Sie schon immer mal in einem schottischen Märchenschloss übernachten? Dann haben Sie hier die Gelegenheit dazu. Der Preis wirkt auf den ersten Blick ziemlich gesalzen, doch wenn man 14 Freunde und Familienmitglieder zusammentrommelt und sich die Kosten teilt, kann man sich das Ganze auch leisten – Sie werden es nicht bereuen, versprochen! Das stilecht eingerichtete Schloss mit seinen sechs prunkvollen Schlafzimmern wurde 1335 als Tagungsort für das schottische Parlament erbaut und ist von 2,5 ha großen Ländereien umgeben. Highlight ist der große Saal mit Schachbrettboden, frei liegenden Deckenbalken, langem Esstisch und mit Schnitzereien verzierten Stühlen.

292 THE DELL OF ABERNETHY

Großartige HOTELS

294 **BETTYHILL HOTEL**
Bettyhill
KW14 7SP
Highlands & Inseln
+44 (0)1641 521 202
bettyhillhotel.com

Die verlassenen Strände und wunderschönen Landschaften mit der melancholischen Atmosphäre am äußersten Zipfel Schottlands sind auf jeden Fall eine Reise wert. Schön, wenn man sich dort auch auf eine großartige Unterkunft freuen kann, in der man herzlich willkommen ist. Dieses Hotel in einer ehemaligen Remise verfügt über gemütliche Zimmer, eine Bar und mit dem Eilan Neave auch über ein Restaurant. Entspannen Sie im Garten und genießen Sie die Aussicht auf die Torrisdale Bay.

295 **WINDLESTRAW LODGE**
Galashiels Road
Walkerburn
EH43 6AA
Scottish Borders
+44 (0)1896 870 636
windlestraw.co.uk

Dieses 1906 erbaute edwardianische Herrenhaus (einst ein Hochzeitsgeschenk) hat Stil und Klasse. Die Liebe zum Detail ist in dieser mehrfach prämierten Lodge sofort spürbar – an dieser Stelle seien nur die Füßchen der Badewannen erwähnt. Sechs traditionell und doch modern eingerichtete Zimmer, umgeben von 1 ha idyllischer Landschaft, und auch das Restaurant wurde nicht zu Unrecht von der British Automobile Association ausgezeichnet.

296 KNOCKINAAM LODGE

Portpatrick,
Stranraer
DG9 9AD
Süden
+44 (0)1776 810 471
knockinaam lodge.com

Ehemaliges, 1869 erbautes Jagdhaus, in dem einst ein Geheimtreffen zwischen Churchill und General Eisenhower stattfand, bei dem die Landung in der Normandie geplant wurde. Die isolierte Lage in der Nähe der Bucht Port of Spittal Bay in Westschottland und der 12 ha große, gepflegte Garten, der bis zum Privatstrand reicht, verleihen diesem Hotel seinen unverwechselbaren Charme und machen es zu einem Ort der Besinnung. Zehn klassisch eingerichtete Zimmer, elegantes, von der British Automobile Association ausgezeichnetes Hotelrestaurant.

297 ARDLOGIE GUESTHOUSE

Dalfaber Road
Aviemore
PH22 1PU
Highlands & Inseln
+44 (0)1479 810 747
ardlogie.co.uk

Kevin und Kirstys Gastfreundschaft ist nicht zu übertreffen. Wer in Aviemore übernachtet, sollte das in dieser entzückend eingerichteten, einladenden Pension tun. Durch die Lage in einer ruhigen Straße gleich hinter der Haltestelle der Strathspey Railway (einer Museumsbahn) gut mit dem Zug erreichbar. Geschmackvoll eingerichtete Zimmer, das Bothy (eine kleine Hütte zum Übernachten) vor dem Haus ist ein unabhängiges Refugium. Das Beste am Ardlogie ist allerdings das Frühstück mit allem Drum und Dran: Full Scottish, Räucherfisch aus dem Loch Fyne, nahrhafter Porridge, Wild und auf alle erdenklichen Arten zubereitete Eier direkt aus Ardlogie – serviert von Kevin, dem »Koch im Kilt«! Hashtag: #ThisChefCanParty! Tolles Hotel im Herzen der Highlands.

In der Ferne **ZU HAUSE**

298 **SPRINGFIELD HOUSE**
LOVE CAIRNGORMS
Main St
Carrbridge
PH23 3AS
Highlands & Inseln
+44 (0)7976 000 481
lovecairngorms.com

Luxuriöses und doch heimeliges Hotel im malerischen Highland-Dörfchen Carrbridge. Geräumige, mit kundigem Auge von Besitzerin Kim eingerichtete Zimmer, in denen man sich einfach wohlfühlt! Kleine Details wie der Technics-Schallplattenspieler samt Plattenauswahl sorgen für großartige Stimmung. Im Sommer kann man sich an die Feuerstelle auf der Veranda setzen. Wer nicht selbst kochen will, muss nur ein paar Schritte bis zum sehr empfehlenswerten Cairn Hotel Pub gehen. Sagenhaft!

299 **URBAN QUARTERS APARTMENTS**
26 South Tay St
Dundee
DD1 1PD
Nordosten
+44 (0)7876 450 961
urbanquarters.co.uk

Vier vom Keller bis zum Dachboden verteilte separate, modern ausgestattete Apartments mit Selbstverpflegung, die nach berühmten Einwohnern Dundees benannt sind. Nur zehn Minuten zu Fuß vom Bahnhof und vom V&A-Museum entfernt, mitten in einem trendigen Viertel mit vielen Restaurants. Mindestaufenthalt drei Nächte.

299 URBAN QUARTERS APARTMENTS

REGISTER

IMPRESSUM

DEUTSCHE AUSGABE © 2020 BRUCKMANN VERLAG GMBH, MÜNCHEN

AUTORIN – Lauren MacCallum

FOTOS – Sam Mellish – www.sammellish.com, Roel Hendrickx – www.roelh.zenfolio.com und Grant Anderson – www.grantanderson.me

ZUSÄTZLICHE FOTOS – S. 221: Diego Almazan – S. 223: Lukasz Gasiorowski

COVERFOTO – Princes Street Gardens (Shutterstock/lou armor)

LAYOUT – Joke Gossé und Sarah Schrauwen

DEUTSCHE ÜBERSETZUNG UND SATZ – Stefanie Adam

PROJEKTLEITUNG – Claudia Hohdorf, Sarah Schindler

LEKTORAT – Dagmar Lutz

KORREKTORAT – Anke Höhne

HERSTELLUNG – Alexander Knoll

Printed in Slovenia by Florjancic
ISBN 978-3-7343-1586-2

www.the500hiddensecrets.com

★★★★★

Sind Sie mit diesem Titel zufrieden? Dann würden wir uns über Ihre Weiterempfehlung freuen. Erzählen Sie es im Freundeskreis, berichten Sie Ihrem Buchhändler oder bewerten Sie bei Onlinekauf. Und wenn Sie Kritik, Korrekturen, Aktualisierungen haben, freuen wir uns über Ihre Nachricht an: Bruckmann Verlag, Postfach 40 02 09, D-80702 München, oder per E-Mail an: lektorat@verlagshaus.de.

Unser komplettes Buchprogramm finden Sie unter www.bruckmann.de

Die Deutsche Nationalbibliothek verzeichnet diese Publikation in der Deutschen Nationalbibliografie; detaillierte bibliografische Daten sind im Internet über http://dnb.d-nb.de abrufbar.